Yuzuranai Chikara

ゆずらない力《ちから》

高見 綾
心理カウンセラー
Takami Aya

Subarusya

はじめに

自分を発揮していくために必要なこと

「自分らしく自然体で過ごしたい」と思っても、他人の存在によって、それができないと感じてしまうことはありませんか?

もちろん、「私は私、あなたはあなた」というように、お互いの考え方やあり方、自由を尊重できればいちばんいいのです。

しかし、実際には、人からあれこれ口を出されて物事が思う通りにいかなかったり、頼まれごとを「いいですよ」と引き受けているうちに、やることがどんどん増えて身動きがとれなくなってしまうなど、対応に困ることがありますよね。

また、一方では、自覚がないのに人から比べられて、戸惑うこともあります。

なんだか張り合われている感じがしたり、嫉妬されたり、周りの動向に合わせないといけないような空気感があったりすると、なかなか本来の自分らしさを発揮できないことも出てくるでしょう。

そして、そんなふうに周りの人の思惑を気にして、自分を発揮できずにいると、毎日が楽しくないと感じてしまってても不思議ではありません。

あなたは、「揉めるくらいなら自分が我慢すればいいか」と、自分の主張をなかったことにして、相手にゆずってしまっていないでしょうか。

あるいは、他人の気持ちを汲んで、自分が遠慮するのが当たり前になっていないでしょうか。

そのような対応が癖になっている人は多いのですが、他人を優先してばかりいると、自分の幸せは後回しになってしまいます。

それに、自分を後回しにしないと、他人が幸せになれないわけでもないのです。

私たちにとって大事なのは、まず自分の幸せを満たすこと、そして次に周りの人、

というのがのびのび楽に生きられて、人間関係もうまくいく順番なのです。

周りの環境にとらわれることなく、いつでも自分らしくいられる秘訣を、ぜひ知っていただきたいと思います。

「ゆずらない力」の4つのポイント

じつは、人からあれこれ言われやすい人・要求されやすい人というのは、どこに行ってもその傾向があります。

「なんで私だけ、こんな目にあうの?」と思うかもしれませんが、私たちの心は特定のパターンをもっていて、そのパターンをもっている限り、場所を変えても同じことが起こりやすくなるのです。

ですから、逆に、人からあれこれ言われたり、要求されたりしにくいパターンをもっている人もたくさんいます。

本書ではこういう人たちのもつパターンを「ゆずらない力」と呼んでいます。

このゆずらない力を身につけることで、窮屈に感じる人との関わり方も気楽なものに変えていけるのです。

では、「ゆずらない力」とは、具体的にどういうものなのでしょうか。

端的に言えば、次の4つの要素で成り立っています。

「健全な領域意識をもつ」
「自分への信頼感を養う」
「無意識の罪悪感をなくす」
「自分の力を自分のために使う」

それぞれ簡単に説明します。

「健全な領域意識をもつ」とは、自分と他人との間にしっかり線を引いて、自分の自由を守り、相手の自由も尊重することです。

「自分への信頼感を養う」とは、他人にあれこれ言われても、動揺して自分を見失わない余裕を培うことです。

「無意識の罪悪感をなくす」とは、他人が何らかの期待や不満をもっているときに、「自分のせい」とか「申し訳ない」とか思ってしまう癖をなくすことです。

「自分のために自分の力を使う」とは、自分の望むことと望まないことをハッキリ分けて、望むことや好きなことにより多くの力を注ぐことです。


この4つの要素は、いずれも周りの人から干渉されすぎないための基本的なポイントです。

「自分と他人をしっかり分ける」というと、なんだか冷たい感じがするかもしれませんが、これがお互いの自由と幸せを尊重していくやり方なのです。

意外なことに、**他の人が自分に対して何を望んでいたとしても、そこにとらわれることなく、自分はどうしたいのかを大切にし、自分の気持ちに従って行動していくほうが、人間関係の悩みはずっと少なくなります。**

本書のなかで、それぞれの要素についてわかりやすくご説明していきます。

これで、人付き合いもうまくいく！

私は、日々、カウンセリングでいろいろな悩み相談を受けていますが、人付き合いやコミュニケーションについてのご相談はやはり多いです。

自分と他人は、考え方も置かれている立場も違うので、思惑が一致しないことがそれなりにあります。

でも、人付き合いとは、そのうまくいかないときの苦しみは相当に大きなものになる一方で、わかり合うことができたり、うまくいったときにはそれ以上の喜びをもたらしてくれる、とても貴重なものだと思っています。

あなたの幸せと周りの人の幸せは共存することができます。

あなたが「ゆずらない力」を身につけて、毎日を自分らしく楽しく過ごしていくことができるよう、本書が少しでもお役に立てましたら幸いです。

高見 綾

ゆずらない力　目次

{ contents：ゆずらない力 }

chapter 2

比べたがる人への対処法

chapter 3

ゆるぎない自分をつくる

イラスト　白根ゆたんぽ

ブックデザイン　金澤浩二（Fukidashi inc）

chapter 1

他人の要求に惑わされない

{ Yuzuranai Chikara }

あなたには「領域意識」がありますか？

★なぜいつも私なんだろう……

「私がやるのが当然だと思われているんです」
「頼みを断ろうとすると、私が悪者にされてしまうんです」
「周りは『大変だね』と同情はしてくれるけど、助けてくれないんです」

カウンセリングをしていると、こういったご相談を受けることがあります。
たとえば、みんなが気持ちよく働けるようにと率先して雑用をやっていたら、いつのまにか自分がやるのが当たり前だと思われるようになった、とか。

友達グループの飲み会の幹事をやってほしいと頼まれたが、お店は知らないし取りまとめをするのが苦手なので断りたいけれど、みんな忙しくてやっている暇がないと言う。「どうしてやってくれないの？」と言われそうな空気があって言い出せない、とか。

ご近所さんから「そんなに大変な作業はないから」「何かあったら私たちも手伝うよ」と言われて、町内会の役員を引き受けることにしたが、予想以上にやることが多いうえに全然手伝ってもらえない、とか。

本来ならば、誰がやってもいいことですよね。

それなのに、なぜかいつも特定の人が頼まれてしまう。

努力を認められてもいいはずの人が、その頑張りを他人にいいように使われてしまう。

そういうことは、決して珍しいことではないんです。

なぜ、そんなことが起きてしまうんでしょうか。

★人と人との間には見えない線がある

理不尽な頼みごとをされる人、あるいは人に使われやすい人には、「自分と他人の間に、線をひくのが苦手」という特徴があります。

線をひくと言っても、もちろんペンで実線を書くという意味ではありません。

人には、もともと**「領域意識」**というものがあるのです。

それは、**自分と自分以外の人は、別の人間であると自覚して、お互いの自由を尊重する**ということです。

「今度の賞与で、前からほしいと思っていたバッグを買おう♪」と思っていたら、「○○ちゃん、この間も服とか靴とか買っていたよね。お金使いすぎじゃない？貯金したほうがいいよ！」と言われたらどうでしょう。

多くの人は、嫌な感じがして「えっ？ 何もそこまで言わなくても」と戸惑いますよね。それは、他人が勝手に、自分が自由意志で決められる領域に踏み込んできたからです。

こんなふうに、人の自由にしていい領域のことに、たとえ善意であったとしてもあれこれ口を出してくる人は、「領域意識が薄い」と言えます。

自分と他人の間に線をハッキリひける人は、この手の人に何か言われても、「面倒な人だな」とセンサーが働いて、なるべく関わらないようにするものです。

けれども、**最初はちゃんとお互いに領域意識があったのに、それがどんどんあやふやになってくることもあります。**

たとえば、あなたが「相手の都合に合わせる」「相手のために無理をする」ということを継続的に行うと、相手は自分の領域とあなたの領域の区別がつかなくなってくることがあります。

そして、「それくらいやって当然」と思うようになるのです。

こんなふうになってしまうのは、あなたのほうから、線をなくしてしまっているからとも言えます。

事例のように、「みんなが働きやすいように」と善意から雑用を引き受けても、最初は「ありがとう」と思っていた人が、それが当たり前になってきて「面倒なことはあの人がやるから、私は自分の仕事に集中しよう」と思うようになることだってよくあります。

「えーっ」「そんな〜」と思いますよね。

あなたの行動に対して、残念ながらあなたが意図しない方向で解釈してしまう人もいるのです。

★周りとうまく共存していく方法

自分の行動に対して、他人がどう思うか、どう反応するのか。

普段付き合いのある人なら、ある程度までは予測することは可能ですが、それでもいつもその通りになるとは限りません。

他人が何を感じてもその人の自由ですし、自分が他人の気持ちをコントロールすることはできないのです。

ですから、**人間関係ではお互いが領域意識をしっかりもっている必要があるし、相手に領域意識がない場合はなおさら、自分が意識して線をひいておく必要があります。**まずは、そのことを頭に入れておきましょう。

これは、自分を守って気持ちよく過ごすために必要なことなのです。

とはいえ、本書は周りから孤立することをすすめているわけではありません。

「自分の領域を守らなくちゃ！」とかたくなになるわけでもなく、淡々と線をひくことによって、周りを必要以上に気にせずに気楽に過ごすことができるようになります。

領域意識があったほうが、お互いの自由を尊重していけるのです。

「ゆずらない力」とは、周りの人と上手に共存していくためのノウハウなのです。

{ Yuzuranai Chikara }

自分を信頼している人は、あれこれ言われにくい

★要求されるのは「おとなしい」から？

前書きでも触れましたが、みんながみんな周りから要求されるわけではなく、そもそも、周りから要求されやすい人というのがいます。

急な残業とか、何かのお使いとか、借金とか……。

要求されること自体が悪いこととは言いませんが、「なぜ、いつも私？」「なぜ、今？」と思うようなことが多いと、なんだか自分が粗末に扱われているような気分になることもありますよね。

そうなった場合には対処することになりますが、ことが起こる前に「要求されにくい人」「あれこれ言われにくい人」でいられるのなら、そのほうがいいはずです。

何かと頼みごとをされる人は、もしかしたら「私って、おとなしそうに見えるからいろいろ押しつけられやすいのかな」と考えているかもしれません。

でも、そうとばかりは言えないのです。

周りにいるおとなしい人が、みんな、あれこれ頼みごとをされているかというと、そんなことはないはずです。

「あまりしゃべらない」とか「受け身である」ということが、そのまま周りからいいように使われるということにはならないのです。

自己主張の強い人であっても、あれこれ要求されたり、言われることもありますからね。

★ 大事なのは「グラウンディング」ができているかどうか

では、「要求されやすい人」「あれこれ言われやすい人」と、そうでない人の違いはどこにあるのでしょうか。

これは「ゆずらない力」の大切な要素の一つで、「自分を信頼している」ということです。このことを**「グラウンディングができている」**と言います。

いきなり「グラウンディング」なんて聞いても、ピンとこない人が多いと思いますが、「地に足がついている状態」という意味です（スピリチュアル〈精神世界〉関係の用語として説明されていることが多いですが、心理分野でも同様のことが言えるので、ここでは同じ言葉を使うことにします）。

グラウンディングができている人は、周りの人たちに精神的に巻き込まれにくくなります。

他人に要求されやすい人や、（あとで出てきますが）比較や嫉妬の対象にされやすい人は、グラウンディングが弱い人がとても多いのです。

他人に粗末に扱われたり、嫉妬されたときに厄介なのは、自分の軸がブレてしまうことです。動揺して自分の価値が揺らぎ、他人の目が気になり出して、自分のあり方がわからなくなってくるのです。

これは、自分の軸が頼りなくて隙があり、外からの影響に打たれ弱く、すぐに不安定になってしまうような状態です。

こうした隙は、自分と他人との間にある線をあいまいにしてしまいます。周りの人たちから見ても、隙があることが無意識のうちに感じ取れるために、あなたの領域に入ってきやすくなってしまうのです。

★あなたの「隙」は見抜かれている

ちょっと失礼な態度をとられただけで、簡単に自己評価が下がるのが見て取れる人に対しては、周りの人が敬意を払うことを忘れてその人の領域に侵入しはじめる、といったことが起こります。

なぜ「自己評価が下がる」のが端から見てわかるのか、不思議に思う人もいるかもしれません。

これは、一概には言えないのですが、その人のもつ雰囲気の変化だと思います。

わかりやすいところでは、話し方が自信なさそうになったり、後ろめたそうだったり、本音は違うのにその場に合わせてるんだなとわかってしまうような人ですね。

もちろん、こんなふうに必ずしもわかりやすく表面に出てくる人ばかりとは限りません。

でも、周りの影響によって、すぐ精神的な余裕を失ってしまう人というのは、相手からするとなんとなくわかってしまうものなのです。

だから、ふらふらしないように、しっかり地に足を付ける必要があるんです。

Yuzuranai Chikara

ゆずらない力は、選択の積み重ねでできている

★必要な影響だけを取り入れよう

誤解がないように言っておくと、グラウンディングとは、周囲で何が起きても気持ちがピクリとも動かないというような、頑固なものではありません。

自分のなかにどっしりした感覚がありつつも、上手に揺れて、外部からの影響をちゃんと取捨選択して取り入れることができるというものです。

外部からの影響を怖がってなんでもかんでも排除するのではなく、自分の意思で自分に必要なものを取り入れていくというプロセスがあるから、自分への信頼感がアップして、自分を守れるようになるのです。

では、どうしたらグラウンディングができるのでしょうか。

それには、次の2つのことが重要になってきます。

① **「物事を自分が選択して決めてきた」という感覚を養う**
② **自分が大切だと思うものだけにセンサーをあてる**

ということです（chapter3で具体的なやり方をご紹介しています）。

★「自分には決める力がある」と確信する

まず、土台になるのが「物事を自分が選択して決めてきた」という感覚をもっているかどうかです。

「親の言う通りにしたら、こうなってしまった」

「自分は嫌だったのに、周りの人からそうさせられた」

といった被害者的な感覚がある人と、

「基本的に、なんでも自分が納得して決めてきた」

と考えている人とでは、自分への信頼感がまったく違います。


要は、**これまでの人生の選択に主体性があったかどうか**です。

もちろん自分の判断だけでは決められないこともありますが、制約があったなかでも、自分がやってきたことに納得できていれば問題ありません。

逆に、「誰かに判断をゆだねたことはないけど、いつも流されるままに選んできた」という場合は、主体性という点では微妙です。


「自分で決めた」という感覚がある人は、どんな結果であっても、自分で責任を取り、味わうことができます。

楽な道のりではなく、その過程でどれだけ悩んだとしても、自分に決めるだけの力があり、その力で人生の舵取りをしていけると感じることができるのです。

その積み重ねが、周りから要求されたり攻撃を受けても、動じにくい自分をつくることにつながります。

なので、グラウンディングの強化には「自分が主体性をもって決める」ということを意識してやっていくことが欠かせません。

自分で選ぶということは、人のせいにはできないということですが、その代わりに自分の領域、自分の自由を守ることにつながるのです。

★嫌な刺激にはセンサーを合わせない

次に、「自分が大切だと思うものだけにセンサーをあてる」ことです。

人と関係していくと、ポジティブなものもネガティブなものも、さまざまな刺激があります。それらに全て反応していると、当然嫌な刺激も入ってくるので、自分が拾いたいものだけにセンサーを合わせます。

たとえば、普段ほとんど付き合いのない人に悪口を言われたりしても、比較的スルーしやすいと思います。自分にとって大切ではない存在に対しては、そもそもセンサーは働きにくいのです。

一方、個人的に大切とは思わなくても、社会的にうまく関係を継続したほうがいい人（ママ友、同僚など）からあれこれ言われる場合は悩んでしまいますね。

そういうときは、本当は気になっていても、なるべくセンサーを合わせないように素知らぬ顔で対応していくのが、もっとも自分のストレスが少ない対応だと思います。

礼儀正しく、でも深入りはせずに、「依存はしないけど、つんけんしてるとも思われないくらい」「悪口が耳に入ってこないくらい」の距離感で付き合うのです。

センサーが少し鈍感になるくらいの距離まで離れられると楽になります。

領域意識というのは、最初から薄い人もいますが、自分がどういうスタンスで相手と付き合うかで変わってくることも多いのです。

「相手に悪いから」と考えて不用意に相手にセンサーを合わせることによって、相手が領域を侵してくることもあります。

ですから、相手が何か要求をしてきても、すぐに自分に引きつけるのではなく、まずは他人事として話を聞くのもおすすめです。

自分に関係のない話と思えば、相手のペースに巻き込まれづらくなるからです。

Yuzuranai Chikara

「自分の力」を自分のために使っていこう

★「できること」と「やりたいこと」は違う

前項の「グラウンディング」にもつながってくるのですが、「ゆずらない力」を身につけていくうえでは、**自分がやりたいことと、やりたくないことをハッキリ自覚できること**も重要です。

そうしなければ、自分の意思で選ぶということができないからです。

周りから、「あなたってすごいよね」と褒められても、なんだかあまり嬉しくないと思うことがないでしょうか。

自分ではまったくそんなふうには思えない、ということが。

たとえば、仕事では、何度も同じことを質問しなくていいように一生懸命メモを取って、プレッシャーを感じながらやっているから、ミスがなくて当然です、とか。

家庭においては、料理、掃除、洗濯と、毎日余裕なくこなしていて、本当はとっても疲れているんです、とか。

むちゃくちゃ頑張ってやっているだけで、誰だって私と同じくらい必死にやればできるはず。

それどころか、私と同じくらい必死にやったら、他の人は私以上にできてしまうだろうって、思っているかもしれません。

もしそうだとしたら、あなたはもっと自信をもっていいと思います。

「頑張ったら私はできる」。

そう思えること、また実際に実行できてしまうのは、それだけでも才能です。

世の中には、頑張ること自体ができない人がたくさんいるのです（頑張るのが当たり前の人にとっては、わからない感覚かもしれませんね)。

それに、「頑張っているけどできない」ということだって、いくらでもありますから。

ただし、自分が頑張ってできることと、やりたいことや喜びになることは別物です。ここがあまり関係がないのがポイントなんです。

★「何をしたいのか」感じる手間を惜しまない

本当はやりたくないことや、たいして興味もないことを一生懸命やっているときは、それでいい結果が出て褒められても、嬉しいと感じないことも出てきます。

「私って一体何をやっているんだろう」という虚しい感覚が湧き上がってくることもあるかもしれません。

逆に、自分の喜びのために、自分のもっている才能を存分に使うことができていたら、誇らしい気がしませんか？

走るのが好きな人が、マラソン大会で上位入賞すれば、「あなたすごいよね」って言われても、「うん、そうかな♪」って（笑）。

じつのところ**「自分の力を自分のために使えているかどうか」ということは、心の満たされ具合とかなり密接に関係しています。**

器用な人ほど、やればたいていのことはできるので、「自分が何をしたくて、何をしたくないのか」をわざわざ〝感じる〟ことをしないんですよね。

ストレスが積み重なってつらい状態でも、人に頼まれたり、「これをやっておいてあげると、みんなが助かるかも」と思うと、とりあえずやってしまう。

そうすると、自分と周りの人たちの領域があやふやになってきます。

周りの人たちは、「その人にとってはたやすいこと」と思って、気軽に頼ろうとするので、本人は疲れるばかりです。

もちろん、興味がないことであっても、頑張って達成することで得られる喜びもありますし、人に認めてもらえるという喜びもあります。

喜びは、一つに限定できるものではないのです。

ただ、今がつらいと思うのなら、頑張り方の程度が、自分にとって満足を得られる範囲を超えているということです。

「自分が何をしたくて、何をしたくないのか」をちゃんと感じて受け入れていくことではじめて、「自分の力を自分のために使う」という選択ができるようになっていきます。

その一方で、場面場面に合わせて、自分が気持ちよくいられる頑張り方の程度がわかるようになってきます。

もちろん「仕事が嫌だからやらなくていい」というような極端な話ではなく、自分のなかで、大事にしたいことの優先順位がついてくるということです。

「自分の力」の使い方の配分をコントロールできるようにすると、周りの人もその人の優先順位を尊重してくれるようになってくるのです。

{ Yuzuranai Chikara }

無意識の罪悪感が人間関係をおかしくしている

★他人の期待に応えるかは自分の選択

「他人に要求されやすい人」「あれこれ言われやすい人」のなかには、「人の期待に応えたい」という気持ちが強い人がいます。

誰だって人の期待を裏切るよりは期待に応えたほうが気分がいいですが、これが度を超している人は、やっぱりしんどいです。

このタイプの特徴の一つとして、**人の気持ちに敏感で、相手の気持ちを読み取ることがうまい**ということが挙げられます。

相手の気持ちを読み取れてしまうので、相手はきっとこうしてほしいだろうと推測できると、それに合わせて動いてしまうのです。

たとえば、「君はもっとできるはずだ」などと期待されると、つい無理をしてしまう人がたくさんいます。

そのなかには、自分が人の気持ちに敏感で、相手の意向を読み取れてしまうことを損だと思っている人もいます。敏感でなかったら、相手の期待にも気づかず無理をすることもないからです。

でも、**相手の期待がわかったとしても、気が向かなければ期待に応えなくてもいい**のです。相手の領域と自分の領域をきちんと分けていれば、そういう判断になることも当然ありますよね。

むしろ、人の気持ちに敏感であることは、いいことだと思います。相手の思惑が読み取れれば、それに対する自分の対応を考えていくことができるので優位に働くこともあります。

結局のところ、相手の期待に応えるか応えないかは、自分の選択なのです。

★「親への罪悪感」が今に影響を及ぼす

また、期待に応えたいと考えてしまうのには、本質的な理由もあります。「落胆する相手の顔を見たくないし、相手をがっかりさせてしまう自分が怖い」ということです。自分のせいで他人ががっかりするのが苦痛だと感じてしまう人は、少なくありません。

理由は多くの場合、子供時代の親子関係にまでさかのぼりますが、なかでも多いのは、**「親の期待に応えられなかった」ことを、大人になってもずっと「申し訳ない」と気に病んでいる**ことです。

たとえば、教育熱心な両親のもとに生まれて、ピアノや習字、水泳、学習塾など、たくさんのお金をかけて教育してもらっていたとしましょう。

それにも関わらず、大人になって、仕事がうまくいっていないと感じていたり、お金をたくさん稼げていないと思うと、全然身になっていなくて親に申し訳ないという罪悪感をもつことがあります。

または、親に反発してひどい態度をとっていても、心の底では、やさしくできなかったことに無意識のうちに罪悪感をもつこともあります。

そして、**罪悪感があると、親に何の関係もない他のところでも、期待に応えなければならないと自動的に思いやすくなる**のです。

★なぜ、攻撃を受けやすくなるのか？

罪悪感をもっていると、人間関係全般に影響を及ぼしやすくなります。

親の期待と自分のやりたいことがズレていると、無意識のうちに負い目を感じやすくなります。

でも親があなたに対してどんな期待をもっていようと、それは親のものであって、あなたが何かをしなければならないわけではないんです。

心のどこかに罪悪感がある人は、他人に自分の領域に踏み込まれやすい傾向があります。

実際がどうであれ、人は自分が悪いことをしていると思うと、無意識のうちに「罰せられなければならない」と感じてしまいます。そういった意識は周りに伝わりやすく、**自分が望んだ通りに攻撃を受けやすくなる**というわけです。

ですから、あなたのなかの罪悪感が強いほど、あなたは周りからの期待に追い込まれやすくなります。

でも、**人の期待に応え続けたとしても、人が自分の人生の責任を取ってくれるわけではない**ですよね。

冷静になって、自分と相手の間に線をひいていくことが大事です。

なお、人の期待に応えたいと感じてしまうのは、親に対する罪悪感だけが原因というわけではありません。

子供時代によい成績を取っていたり、いい子だねと褒められたりしているうちに、それが当たり前になっていくケースもあります。

ある条件のもとで認められてきた人は、「期待に応えられない自分には価値がない」というプレッシャーを感じてしまい、やっぱり「相手を落胆させたくない」という気持ちをもってしまうことがあるのです。

こちらに当てはまっている方の場合も、同じように自分で線をひくことを意識してみてくださいね。

普段の心がけとしては、**相手の思いをキャッチしても、「私はどうしたい？」と自分の気持ちをまず確認して一呼吸おく**といいでしょう。

「気が向かないことはしなくてもいい」という選択を視野に入れてみると、自分がどうしたいのかを冷静に考えることができます。

Yuzuranai Chikara

困っている人がいてもあなたのせいじゃない

★理由がなくても断ってしまっていい

「期待に応えたい」に似た心理として「役に立ちたい」というのもあります。

人は誰かの役に立つことに喜びを感じるものです。

ただ、自ら望んで好きでやっているうちはいいのですが、「本当は嫌なのに我慢してやっている」のであれば話はずいぶん変わってきます。

そこには「役に立たない自分は、役立たずと思われてしまう」という思い込みが生じている可能性が大きいからです。

「役に立たなければならない」と思うと、窮屈に感じてしまいますよね。

ときには、相手が「もっと、もっと」と要求してくるのに対して、ハッキリ断れない人もいます。

あなたは、人の頼みを聞いているうちに、頼みごとがだんだんエスカレートして、とても困ったという経験はないでしょうか。

たとえば、次のようなケースです。

「家族など頼れる人が近くにいなくて困っている」「不動産のことはよくわからないから、部屋探しをいっしょにやってほしい」と言われて、困っているならしょうがないよねと不動産屋まわりに同行した。

「気に入る物件が見つからないので、もう一回いっしょに行ってほしい」と言われ、忙しい合間をぬって時間をつくり、さあこれで十分やった、もういいだろうと思っていた。

そしたら次は「お金がなくて引越し業者を使いたくないから、梱包とか運搬を手伝ってほしい」と言われてしまった。

こういうケースでは「なぜ、自分がそこまでやってあげなくてはいけないのか」と不満を感じていても、理由もなく断ることに抵抗を感じてしまう人がいます。困っている人がいると、そこに共感してしまって放っておけない人というのがいるんですよね。

断ることに、罪悪感をもってしまうのです。

★「やってあげたい範囲」で役に立つ

こういうときには、自分と相手の間の領域意識について見直してみることが重要です。自分のなかに罪悪感があると、相手が自分の領域に入ってきやすくなります。

誰かが困っていても、あなたはあなたがやってあげたいと思える範囲で対応すればいいのです。

たとえば、知人が「落ち込んでいてすごくつらいから、話を聞いてほしい！」と電話をかけてきたとします。

そんなとき、相手の力になりたいと思ったり、何があったのか気になったりして、話を聞いてあげる人のほうが多いと思います。

でも、話を聞いてあげることが正解とは限らないですし、「断る」という選択をしてもいいのです。どう対応するかを決めるのは自分です。

まして、何回も話を聞いてほしいと言われてしんどいなと感じるようなケースなら、自分がどうしたいかを優先していくのはごく自然な判断です。

「自分のできる範囲」「自分が望んでやってあげたい範囲」であっても、相手のために力を使えば十分役に立っていますし、何もしてあげないとしても、その理由を相手に言う必要はありません。

その結果、自分を否定してくる相手なら、そっと距離を置いてみましょう。

そのような人とは、お互いの領域を尊重し合うことが難しいからです。あなたは、自分を好きになってくれて、大切にしてくれる人と付き合えばいいのです。

★見返りを求めての自己犠牲は、疲弊するだけ

それに、相手の役に立つために何か我慢をしていると、相手に見返りを求めたり、「自分の苦労をわかってほしい」と理解を求める気持ちが出てきてしまいます。

相手の希望を満たしてあげたあとに、思い切ってわだかまりを相手に伝えてみた場合に、予想外の反応をされることもあります。

「なんで感謝しないといけないの？　別に私は強制してないよ。あなたが好きでやってくれたんじゃなかったの？」とポカンとされてしまうとか。

じつは相手のほうは領域意識がしっかりあって「できる範囲でお願いしたい」と思っていたのに、自分のほうが相手のことをあれこれ考えて、無理をしすぎていたということもあるんです。

カウンセリングでは、こんなふうに「人の役に立ちたい」という気持ちが強い方

に対して、「〝犠牲する〟のはやめてみましょうね」とお話しすることがあります。

ご相談にいらっしゃる方は、**「他人のために自分を犠牲にしている」ことを自覚できていないことが多いからです。**

最初はよかれと思ってやってあげていても、そのうち無意識に「これだけやったから感謝してほしい」とか「断って嫌われたくない」と思いはじめ、そういう自分に対して「罪悪感」が生まれてしまう部分もあります。

そして、何かの見返りを求める気持ちが生じてしまうと、期待通りのものが得られない現実に苦しみ、自分がどんどん疲弊してしまいます。

ですから、**他人のために自分の身を削っていないかどうかを、自分なりに判断する力を養っていくことが大切です。**

もちろん、「誰かの役に立ちたい」という気持ちの根っこには、相手に喜んでもらいたいというあなたなりの愛があります。

ただ、自分が犠牲にならないと相手に認められないと感じるのなら、それは自分の価値を必要以上に低く見積もりすぎているということなのです。

Yuzuranai Chikara

周りと対立しないで やりたいようにやるコツ

★周りに合わせることがいいこととは限らない

集団のなかに領域意識が薄い人がいた場合に、「横並び」あるいは「周りに合わせる」ことが、暗黙の了解になってしまうケースがあります。

社会で生きていくうえで協調性が大事なのはたしかですが、「それはちょっと違うんじゃない？」と思うようなこともときどき起こるものです。

たとえば、新しい職場で一生懸命仕事をしているとき。

前任者が残業してやっと終わらせていた仕事を、あなたがやってみたら15時には終わってしまったとしましょう。

あれ、何かおかしいなと思いますよね。

そんなとき、先輩の一人がこう言ってきたとします。

「あなたが頑張ったら、それくらいみんなできると思われちゃうじゃない。私たちが頑張らないといけなくなるんだから、もっと適当に仕事しましょうよ」

こういうときは、悩んでしまうものです。

「ああ、そういうことね」と事情は理解できても、だからといって仕事を適当にやるって何かイヤだなあと抵抗を感じる人は多いでしょう。

一方で、先輩を敵に回したらこの先何かと困ることが出てくるかもしれません。


こういうときに、まず大事にしたいのは**「自分はどうしたいか」**です。

前にも言いましたが、「何がしたくて、何がしたくないか」をハッキリ見極めることが自分の意思で動くための第一歩です。

冷静になれば、相手はあなたのやり方に口を挟んできているわけで、領域意識が薄い人だということがわかります。

領域意識が薄い人に合わせて行動するのは、あまりおすすめできません。継続することで、相手はあなたの領域に入ってきやすくなります。

そして「あなたが自分に従うのは当たり前」と思うようになることもあるのです。

★「相手の考え方はそうなんだな」と視点を変える

領域意識の薄い人に対してやってはいけないのは、「相手を否定する」ことです。

「あなたは間違っている」などと指摘するのは、避けるほうが賢明です。

相手を否定するということは、「私が正しい」と主張することであり、正しさの争いになってしまいます。

それに、自分が相手から影響を受けていることを認めることになりますので、相手がそれを認識してしまうと、あなたの領域にさらに入ってこないとも限りません。

人はこういう状況に置かれると、つい「適当に仕事をすることを強制された」と考えてしまいがちですが、そうではありません。

「相手の考え方はそうなんだな」と受けとめてみましょう。「相手はそう思っているけど、私は違うな」と自分のなかで確認すれば十分です。

自分は、自分のやりたいように、「黙って」行動すればいいのです。

相手に反論したり自分の意見を伝えたりする必要はありません。

言葉尻をとらえられて言い争いになっても困りますし、意見の対立が明確になってしまうと孤立する要因にもなります。

相手と対立はしない、でも相手の言いなりにはならない。

これが大事です。

相手があれこれ言ってきても、「あっ、ごめんなさい。私せっかちだから、つい……」というふうに、自分の「性分」の問題にしてしまうやり方もありますね。

「能力が高い」のではなく、「そういう性格である」と言ってしまえば、角が立ちにくくなります。

それでも相手がおさまらないなら、ある程度の期間は様子を見て、その後、上役の人や責任者に相談してみたり、改善の提案をしてみるのもいいかもしれません。

★こっそりマネしてくる人への対処法

周りに領域意識が薄い人がいると、「マネ」が問題になることもあります。

たとえば、時間をかけてデータを集め、分析して企画書をつくっていたら、いつの間にか同僚がそっくりな企画書を出していた。それも、一度や二度ではないという場合。

データが共有になっているからマネしようと思えば誰でもできる環境だけど、証拠もないので「マネするの、やめてください」とも言いづらい……。

こういうケースでは、指摘したところで、相手が認めなければ悪者になるのは自分です。今後の関係を考えれば、直接対決するのは避けるに越したことはありません。

いちばんいいのは、上の人はちゃんと見てくれていると信じて気にしないことでしょう。周りは気にしないで、自分は自分のやるべきことに集中する。

でも、アイデアはもちろん、企画書作成にかかっている手間暇も丸ごともっていかれるわけですから、やっぱり腹立たしいと思うこともありますよね。


対策としては、必要以上の情報を開示しない、期限直前まで企画書を提出しないといった工夫で自衛すると角が立ちにくいと思います。

あるいは、逆に、よいアイデアは思いついたらすぐに周りに開示していくのも一つの手です。これは、周りを味方につけることにつながります。

もちろん「偶然同じことを考えていた」という人もいるかもしれないので、そこは許容していく必要がありますが、こっそりマネされるストレスは減るでしょう。


こんなふうに、**具体的な行動によって、お互いの間に強制的に線をひいてしまうことが有効な場面もあります。**うまく対応できるようになるといいですね。

{ Yuzuranai Chikara }

厳しすぎる上司は、警戒心でいっぱい？

★こそこそ避けるのは逆効果に

職場における人間関係のご相談はとても多いのですが、なかでも多いのが、上司に関するご相談です。上司の言うことがコロコロ変わったり、理屈が通らないことを言われたりして、振り回された経験は、多くの方があると思います。

「自分は自分、相手は相手」と線をひきたいところですが、業務内においては、上司の考え方や指導を受け入れていくことが求められます。

その結果、部下の立場にいる人は、我慢に我慢を重ねて過度のストレスにさらされてしまうことがあるのです。

たとえば、部下を追い込む上司で多いのは、次のようなタイプです。

・自分で学べというスタンスで、細かいところは教えてくれない
・部下の仕事ぶりを細かくチェックする、常に監視している
・言葉や言い方がきつい、すぐに怒鳴りつけてくる

こうした上司は、避けられるものなら避けたいものです。

まともに相手をしていたら、こちらがまいってしまいますよね。

しかし、そんなことは現実には難しいですし、じつのところ、上司を避けるのはあまりおすすめできる対策ではありません。

上司から見ると、自分を避けてこそこそしているのはすぐにわかりますから、部下に対して不信感が募ってきます。すると、ちょっとしたことにも敏感になって、部下に余計に厳しくしたくなるのです。

こうした上司との関係を円滑に進めるためには、あることがポイントになってき

ます。

それは上司の「感情」に注目することです。

職場では、人の感情がかなりの影響力をもちます。

上司との関係においては、上司の感情や心理を理解して、自分が合わせていくことになります。

もしかすると、自分を曲げなければいけないような気がする人もいるかもしれませんが、いちばんの目的は関係を円滑にして、気持ちよく仕事をすることです。

自分のやりたい目的のために、上司を理解しうまく対応するという主体性をもつことが大事なのです。

★仕事を教えてくれない上司への対処法

まず、上司がそのような厳しい態度をとるのは、どんな理由があるのか想像してみるところからです。

細かいところを教えてくれず、自分でやりなさいというスタンスの人の場合、上司自身も部下の立場だったときに上の人から教えてもらえず、自分で苦労して仕事を体得してきた可能性があります。

その場合、**「仕事は自力で身につけていくもの」という認識があったり、「自分は苦労してきたのに、そう簡単に部下に教えるのは気に入らない」という葛藤があったりすることもあります。**

ですから、部下が「教えてもらって当然」という意識でいると、それが上司に伝わって厳しい態度をとられてしまうことがあるのです。

そういう場合は、自発的に調べることを前提にして、どうしてもわからないところだけを上司に聞くというスタンスのほうが好まれたりします。

わざわざ回り道をさせられているようで理不尽だと思うかもしれませんが、相手を変えることはできませんので、上手に対応していきたいですね。

★部下を監視する上司への対処法

また、仕事ぶりを細かくチェックしてきたり、部下の行動を監視しているような上司の場合は、二つの可能性が考えられます。

一つは、部下自身がまだ上司から信頼が得られていない場合です。

その場合は、当面は指示通りにやるべきことをやり、上司が安心して仕事を任せられる存在になることを目指しましょう。

細かくチェックする上司は、責任感が強く、自分がすべてを把握しておきたいという欲求があるので、上司のニーズを理解して、進行状況などの報告をまめにしておくと、思いのほかスムーズにいくようになります。

二つ目は、上司が部下に対して強い競争心をもっている場合です。

部下が上司と同じ方向性でバリバリ仕事をこなしていくと、上司が「自分のポジションを取られるのでは」と不安になり、保身に走ってしまうことがあります。

その上司がかつて部下だったときに、当時の上司に対して、負けてたまるかという気持ちで追いつき追い越そうとしていた場合、「自分も部下に同じことをされるかもしれない」という危機感をもちやすくなるのです。

その場合は、上司をフォローするようなつもりで、サポーターとしての役割を果たすとうまくいくことが多いです。

自分が主体になろうという姿勢を見せないほうが、上司が安心します。

この二つの可能性は、見分けがつきにくいので、同時に両方の対策をとっていくといいと思います。

★言い方がきつい上司への対処法

もっとも手強いのは、最後の「言葉や言い方がきつい、すぐに怒鳴りつけてくる」上司かもしれません。**敵・味方をハッキリ分ける意識が強く、安心できるまでは部下のことを敵だと認識しています。**

ですから、部下が自分を裏切らないと確信できるまで、こうしたやり方で試してくることがあるのです。

こういう警戒心の強い上司は、過去に人間関係でひどく傷つくような経験をしていることが多く、自分を守りたいがために周囲に攻撃的な態度をとりがちです。

部下が上司に対して従順な態度でいても、なかなか安心してくれません。

この場合、どんなにつらくあたられても、部下が上司を慕って積極的についていく姿勢を見せ続ければ、いずれは懐に入ることができます。

しかし、それが半年後なのか1年後なのかはわかりません。

その間にストレスで病気がちになる人もいるので、ある程度頑張ってもダメだったら、あとは適度に距離をとって嵐をやりすごすという気持ちでいたほうがいいこともあります（このタイプは避けても避けなくても怒鳴りつけてくるので、自分が少しでも楽なほうを選ぶほうがいいです）。

仮に、適切な距離をとることになったとしても、それは逃げではなく、上司も部下もお互いを大切にすることにつながるのです。

chapter 2

比べたがる人への対処法

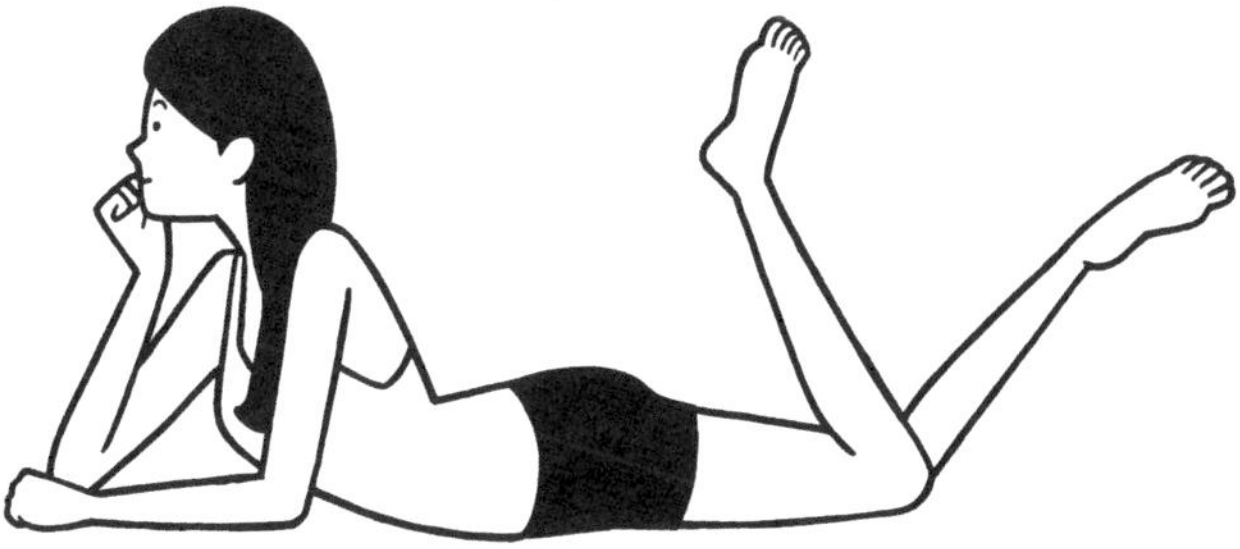

{ Yuzuranai Chikara }

あなたがうまくいくと、誰かがうまくいかなくなる？

★みんな「自分には価値がある」と思いたい

人間関係をスムーズにするためには、お互いが健全な領域意識をもって、尊重していくことが大事です。

もし領域意識の薄い人に出会っても、自分のほうで線をひくという意識をもてば、他人のために自分を犠牲にすることが少なくなってきます。

この領域意識に深い関わりがある心理の問題で、**「比較」**があります。

自分と他人を比べたときに、そこにさまざまな感情が生まれてくることから、お互いの領域意識があやふやになってくるのです。

すると、自分のほうではとくに落ち度がないのに、他人との関係がギクシャクしてしまうようなことが、起こりやすくなってきます。

たとえば、Aさんは上司の信頼が厚く、責任ある仕事を任されているけれど、同僚のBさんはそうではなく自分の境遇に不満がある、というケースを取り上げてみましょう。

Bさんは A さんが気に入らなくて、ピリピリした視線を送り、何かと張り合い、仕事なのに協力する様子もありません。A さんはそのことに疲れ切っています。

もちろん、Aさんが責任ある仕事を任されていることは、Bさんの現状とは何の関係もありません。

Aさんがうまくいっているから、Bさんがうまくいかないわけではないんです。

ところが、Bさんはそのようにはとらえられず、Aさんがいるせいで「私は上司に選ばれなかった」「私は責任ある仕事を任せてもらえなかった」と感じてしまっているのです。

Bさんが、Aさんと張り合ったり、Aさんの足を引っ張ったりするのは、「自分には価値がある」と感じられなくなって不安だからです。だから、なんとか「自分には価値がある」ところを見せようと、いじわるな行動をとってしまうんです。

★「自分のせいで」と思うのは認識のゆがみ

ほとんどの人は、このときのAさんの立場も、Bさんの立場も、どちらも理解できるんじゃないかと思います。

とくにBさんは、置かれた状況的にかわいそうにも思えます。じゃあ、AさんがBさんに遠慮して、上司と疎遠にしたり、責任ある仕事を断ったりすればいいのかというと、それは違いますよね。

BさんがAさんに対して面白くないと感じるのは、あくまでBさんの問題です。ところが、Bさんのこうした振る舞いを受けて、Aさんが「自分の存在そのものが相手にとっては悪いものらしい」と感じてしまうことがあります。

思うように行動することで、他人の反感を買ったり、他人を傷つけてしまうようなことがあると、

「私がいることで、嫌な気持ちになる人がいるなら、私なんてここにいないほうがいいのかな。なるべく目立たずに小さく縮こまっていたほうがいいかな」

と思い込んでしまうのです。

人が嫌な思いをするくらいなら自分が我慢してゆずってしまおうと考える、その根底には、「相手の気分が悪くなったのは私のせいであり、私が変わらないと相手の気分の悪さも変えることができない」という考えがあります。

こんなふうに自動的に「自分のせいで」と考えてしまうのは、よくない癖です。「罪悪感」にひきずられているだけですから。

大事なのは、相手の態度に動揺して自分を見失わないことです。

他人の反応を恐れて自分の可能性を制限するのは、他人のために自分を犠牲にするのと同じことです。自分の認識もゆがんでしまいます。

{ Yuzuranai Chikara }

他人を気にして自分の可能性を制限しない

★優劣を意識するのは身近な存在だから

自分と他人を比べてしまうのは、誰でも心当たりがあることです。

多くの人が、早い段階で自分はプロのスポーツ選手になれないと気がつくのは、運動能力がバツグンな人と自分を比べるからです。

だからと言って、プロのスポーツ選手にわだかまりをもつ人は、あまりいないですよね。

先の例で、BさんがAさんに対して複雑な思いをもつのは、BさんにとってAさんが身近な存在であり、志向が似ていて、同じ世界に生きていると認識しているからです。

同じ世界にいて志向が似ていたら、どうしても優劣を意識しやすくなります。自分のほうが劣っていると思えば、みじめな気分になることもあるでしょう。

でも、BさんがAさんに対して、どんな態度をとるかはBさんの選択です。BさんがAさんに対して「ずるい」とか「Aさんに協力なんてしたくない」と思っていても、それもBさんの選択です。

選択は自分次第で変えていけるのですから、Bさんの選択にAさんが責任を感じる必要はないんです。

★大半の人は「嫉妬される」ことが怖い

Bさんが A さんに感じている気持ちは「嫉妬」です。

自分と他人を比べたときに、他人のことをうらやんでしまう気持ちです。

嫉妬というと、優れた容姿や経済力、素敵なパートナーなどに恵まれた人が、周りの人から憎まれて、中傷されたり足を引っ張られたりするような場面を思い浮かべる人が多いかもしれません。

そういうケースは傍目《はため》にもわかりやすいのですが、数の上では、ごく普通の人が、人知れず悩んでいることのほうがずっと多いでしょう。


嫉妬は、相対的な関係性のなかの「比較」によって起こるものです。

ですから、**相手から見て「恵まれている」「うまくやっている」「得している」と思われてしまうと、誰でも、どんなことでも、対象になり得てしまいます。**

世の中の大半の人は、そのことに潜在的に気がついています。

だから、自分の立ち位置によって「自慢していると思われたら困るから、身の回りの人には相談しづらい」と考えることもあるし、Aさんのように無意識のうちに「人にゆずる」という選択をしてしまうことがあるのです。

カウンセリングをしていても、「もっと自由になりましょう」「もっと好きなことをやりましょう」「もっと魅力的になりましょう」といった話になったときに、「嫉妬されることが怖いんです」とおっしゃる方は意外なほど多いんです。

★もともと「そういう人」もいる

でも、他人からの嫉妬といっても、いろいろありますよね。なんとなくみんなから距離を置かれたり、嫌みや悪口を言われたり、Bさんのようにある意味仕事を妨害してくるといったこともあるかもしれません。

軽いものなら、ある程度対処は可能なので、本書も対策を提案しています。

ただ、嫉妬心から「強硬な態度をとり続ける」という人に対しては、「そういう人」として淡々と接していったほうがいいこともあります。

そういう人は、あきらめや無力感、無価値感を強く感じていて、もともとの精神状態が不安定なことが多いからです。

あなたに問題があるから攻撃してくるのではなく、あなたという存在はきっかけにすぎません。

そうなってしまうのは、その人なりの事情があってのことなのですが、その事情を他人がどうにかしてあげることはできないんです。

何かできるとしたら、「この人は、思うようにならなかったことがたくさんあったんだな、どれだけあきらめて絶望してきたのだろう」と、その人の事情を思いやってあげることくらいです。

ですから、その人にこだわることなく、自分のやりたいこと、喜びにつながることを優先していきましょうね。

{ Yuzuranai Chikara }

威圧してくる人は、あなたに一目置いている

★どうも嫌われていると感じたら

自分には心当たりがないけれど、どうも嫌われているらしく、他人に嫌みを言われてしまうということがあります。

あるいは、何も言われはしないけど、妙に張り合われているような感じで、お互いの間にいや〜な緊張感が漂っているということもあります。

わざわざ他人が攻撃的な態度を出してくるというのは、そこにわだかまりがある可能性が高いです。

普通は身の回りに嫌いなタイプの人がいても、自分に影響がない限りは、ビジネスライクに付き合っていけるものですよね。

相手が自分のことを気に入らなくてもそれは相手の問題なのですが、何かとストレスを与えてくることもありますから、そこにどう対応していくのかというのが課題になってきます。

そして、こういうときの対策は「面と向かって嫌みを言われやすい人の場合」と「こころよく思われていないなとわかるが、直接は何も言われない人の場合」で違います。これは、攻撃してくる側の心理状態が違うからです。

★謙虚な振る舞いが競争心をあおることも

では、まず「こころよく思われていないなとわかるが、直接は何も言われない人」というのは、どういう人なんでしょうか。

それはズバリ、相手から一目置かれている人です。

一目置かれているから直接的に被害を受けたりはしないのだけど、相手の話し方が冷たい感じがしたり、張り合われている感じがしたり、居心地が悪い気分になります。

人って不思議なもので、相手が言葉に出さなくても、「面白くないって思われているんだろうな」ということがわかってしまうんですよね。

相手が何も言ってこないので気のせいと言われてしまえばそれまでなんですが、それでも、自分が相手に対してどういうスタンスで接していけばいいかという点では、悩んでしまうものです。

こういうケースでは、下手《したて》に出たり、謙虚すぎる振る舞いをすると、かえって相手の競争心や嫉妬心をあおることになってしまいます。

ですので、自分を低く見せるのではなく、「他人に対する自分の影響力を認めていく」ことが大事になってきます。

具体的には、**「私は、人の気持ちをザワザワさせちゃうこともあるんだな」**と自分で認めてしまうだけでいいんです。

相手に対して傲慢に振る舞うという意味ではなく、自分の影響力を事実としてただ認める、というニュアンスです。

それだけで、あなたの立ち居振る舞いは変わり、相手にも影響を与えるのです。

★自分が思う自分と、他人が見ている自分は別物

二人が同じ土俵にいると思うと、相手はいつまでもあなたに対して複雑な感情をもつことになります。それを解消するために、自分が一段上の土俵に移ってあげると考えるとわかりやすいでしょう。

これは、自分を能力以上に見せて無理やり上の土俵に移るというのではなく、「**本来自分がいるべきポジションに戻る**」という意味です。

人は、自分の影響力をあまり認識できていなかったり、自分の価値を周りからの評価より低く見積もっていると、本来いるべきポジションにふさわしくない態度をとってしまいます。

そして、気づかないうちに本来のポジションから離れてしまって違う土俵にいるために、競争心や嫉妬心をもたれやすくなるのです。

ライバル意識は、〝頑張れば互角になれる〟と感じる人に対してもつことが多いですから、相手が感じている通り、一段上の人として振る舞うだけで状況が改善するときもあります。

あなたが自分のことを「全然、たいしたことない」と思っていても、相手がライバル意識をもつことは普通にあるのです。

他人はあなたにいろいろなものを映し出して見ています。

あなたから見たあなたと、他人から見たあなたは別物と考えましょう。

お互いの立場や関係性によっては、相手のものの見方を引き受けてあげるほうが、関係がうまくいくことも多いのです。

{ Yuzuranai Chikara }

どこに行っても嫌みを言われる人の特徴

★嫌みを言う人の話に反応しすぎている

次に、「面と向かって嫌みを言われやすい人」について見てみましょう。

通常は、とくに何も言われないけれど雰囲気で嫌われているように感じるより、直接嫌みを言われるほうが精神的なダメージが大きくなりやすいです。

不思議なことに、嫌みというのは、言われる人はどこに行っても言われやすく、言われない人はどこに行っても言われにくい傾向があります。

ということは、その人のあり方次第で、直接的に言われないようにしていくことができるということなんです。

自分のあり方に少し注意を向けて変えていくことによって、直接嫌みを言われることを回避することができるんですね。

たとえば、

「あなたって、いい人そうに見えて、すごく計算高いよね」

「あなたって、運がよくてうらやましい」

「人が見てるとこでは張り切るんだ～」

「気が利かない人って、何にもしなくていいから得だね」


こんなふうに失礼なことを言われてしまう人には、じつは一定の特徴があります。

それは、嫌みを言う人から、**自分や不特定多数に対する愚痴、不満、文句といった不快な話をされても、日ごろからちゃんと聞いて受け入れている**という点です。

本音では「こんなネガティブな話、聞きたくないな」と思っていても、つい、話を聞いては反応してしまっているんです。

しかし、それがエスカレートすると、相手は、悪意をもって、あなたの価値を引き下げるようなことを言ってくることもあります。

そして、あなたがその嫌みに動揺したり、何かしらの反応（ポジティブなものでも、ネガティブなものでも）をすると、相手は自分の影響力をあなたのなかに感じることができます。

すると、相手は自分のほうが優位に立てたような気がして、気分がいいのです。

★必要ない人にはハッキリした態度をとろう

嫌みを言ってくる人は、嫉妬心というより、劣等感が強いことが多いです。

劣等感とは、自分が誰かに比べて劣っていると感じて、自分に自信をもちづらい気持ちです。

どちらも「比較」から出てくる感情ですが、劣等感の強い人は自分には価値がないと感じているので、「自分の価値を認めてほしい」というより「相手の価値を認めたくない」と思ってしまいます。

相手の価値がなくなれば、自分と同等になるので劣等感をもたなくてすみます。

そういう人の話を聞いてあげるということは、あなたの世界と、あなたの価値を認めたくない相手の世界が、交わってしまうということです。

失礼なことを言われないようにするためには、相手の世界に興味を示さず、適当にスルーするのがいちばんです。

具体的には、雑談をなるべくしないか、もしくはしても相手の話に対して「あ、そうなんですね〜」と必要最小限の相槌を打つにとどめておくといいでしょう。

「そういう話は好きじゃないから」と伝えてもいいですが、それも「反応」の一種ですから、相手が立ち入ってくるきっかけにならないとも限りません。

だから、具体的な行動で、自分と相手の間に強制的に線をひいてしまうほうが有効だと思います。

あえて何も言わなくても、「考え方や生き方が違う人なんだな」と相手が無意識に感じるようになると、他人による厄介ごとからはかなり免れやすくなってきます。

★あなたの価値を下げたがる人に関心を向けない

自分にとって不快な話をされても聞いてあげる人は、相手に遠慮していたり、気をつかっていたりするんですよね。でも、その気づかいは「聞いてあげないと相手に悪いな」という罪悪感からきていることが大半です。

普通は興味のないことに反応するエネルギーは、なかなか自分のなかに湧いてこないものなんですが、罪悪感があると、無理して相手に合わせてしまうんです。

「足を引っ張られている気分になってしまう」ときは、自分の領域に入ってこられているような気がします。

「嫌みを言われるような関係性はやめにしたい」と思うなら、自分が望んでいる人間関係に意識を向けてみることです。これは、ｃｈａｐｔｅｒ１でグラウンディングについてご説明した際の「嫌な刺激にセンサーを合わせない」に通じるものです。

求めているのは、お互いのすごいところはすごいと尊重できたり、話すだけで楽しい関係性だったりするのではないでしょうか。

自分が人間関係に何を望み、何を望まないかがあいまいだと、自分にとって必要ない人にもはっきりした態度をとれなくなってしまいます。

あなたがやらなければならないことは、嫌みな人に使っている時間とエネルギーを減らし、いっしょにいて楽な関係性の相手にシフトしていくことです。

その過程で、自分の望んでいないことが起きても（たとえば、理不尽な文句を言われても）、そちらにはなるべく注意を払わないことです。

自分にとって大事なことに集中し、大事じゃないことには意識を向けないですごしていくと、「ゆずらない力」を強化していくことができますよ。

{ Yuzuranai Chikara }

張り合いたがる人のターゲットにされてしまう理由

★競争は、悪いものではないけれど……

「人と比べる」ということについて言うと、他人との優劣を意識して苦しむ人がいる一方で、ポジティブな意味で競争が好きな人もいます。

競争相手がいることで自分が伸びるというタイプの人は、自分のなかに生まれるライバル意識を、上手に利用しているとも言えます。

だから、一概に競争を悪いものと決めつけることはできないのです。

競争心は上手に使うことができれば、より素敵な自分になりたい、自分の魅力を解放して楽しく生きたいと願うときに、自分を変えるモチベーションとして使うことができます。

ただ、あなたには競争したいという気持ちがないのに、一方的にライバル心をもつ人や、対抗してくる人が現れると、しんどくなることもありますね。

あなたに競争意識をもつ人は、あなたに競争で勝つことで、「自分を認めてもらいたい」「自分は優れていると証明したい」という欲求を潜在的にもっています。

自分に自信がないから、実力を証明する場を求めているわけです。

そういう人に目をつけられてしまうと、いつも観察されている気がして落ち着かないですし、何かにつけ自分を引き合いに出されたりしてストレスを感じます。

気にしないようにしようと思っても、そういう人はたいていエネルギッシュで影響力が強めなので、すぐ視界に入ってきます。

そして、ライバルと感じているあなたの心の領域に、容易に立ち入ってくるわけです。

このようなときに大切なことは、相手の土俵には乗らないことです。

あなたは競争したいわけではないし、競争して優劣をつけるという発想もないわけですから、知らず知らずのうちに相手の土俵に乗って、勝ち負けを付け合うことにならないように、立ち位置をハッキリさせておきましょう。

★本当はあなたも比べているのかも

ただ、一つ心に留めておいてほしいことがあります。

相手が競争相手として、あなたを選んだということは、相手はあなたと実力が同じくらいか、ちょっと負けているくらいだと認識しているはずです。

そして、**人は実力だけを基準に競争をしかけてくるとは限りません。**

もしかしたら、その人とあなたは、実力以外の部分でも似ているところがあるのかもしれません。

あなたに競争したいという自覚がなくても、じつは誰かと競争していた、というのはよくある話なんです。

たとえば、周りの人が「あの人っていいよね～」と褒めた相手のことを、なんだか嫌だなと感じたり、自分が苦手な人が話題に上がっていたりすると「面白くないなぁ」って感じたことはないでしょうか？

「あぁなんだ、私も競争したり嫉妬したりしてたのかな」って、気づきますよね。

そこには「あの人より、私のほうができる、私のほうが上」という気持ちが隠れています。もしくは、「私も注目されたい」と感じているんです。

このように、比較する心や競争心をゼロにするのはなかなか難しいものです。

ですから、「比較する心や競争心をもつのはよくないからゼロにしよう」と頑張るのではなく、それらを上手に使っていきましょう。

他人に巻き込まれず自分らしく生きるための「気づき」として活用してしまえばいいんです。

★「自分らしさ」の開花を急ごう

じつのところ、**あなたが競争相手に選ばれた理由は、あなたがまだまだ自分を出し切っていなくて、周りへの遠慮があるから、という可能性が高いです。**

そういうときに、競争相手は現れやすくなります。

周りに遠慮している人には、「飛び抜ける勇気」がありません。

「飛び抜ける」というのは、単に周りから秀でるということではなく、自分らしく魅力や才能を開花させていくということです。

飛び抜けたいのにその勇気がない人は、自分が「そこそこのレベルから抜け出すために」、競争してくる人を無意識に欲していることがあるんです。

もしそうだとしたら、競争をしかけてきた人とあなたは、置かれた状況が微妙に近い可能性もありますよね。

自分らしさ全開で生きている人には、競争しようとする人は現れにくいのです。

だから、矛盾するようですが、競争に巻き込まれたくなければ、そこそこレベルから抜け出してしまうのが早道なんです。

ただ、自分が変化することや失敗に対する恐れは簡単には消えませんから、勇気が出ないときは、すでに飛び抜けている人を見つけてビジョンにしましょう。

あなた自身がそこに集中していけば、競争してくる人と同じ土俵に立つこともなくなっていくでしょう。

Yuzuranai Chikara

いちいち上に立ちたがる人にどう対応するか

★立場に関係なく、できる人がリードすればいい

相手に対する遠慮が、ときに競争を招いてしまうことがあります。

立場上、どちらが上とか下とかがなく、横並びのような状態のときはとくに遠慮する気持ちが働いてしまうことがあるかもしれません。

たとえば、中途採用の人しかいないような職場では、次のようなことが起こりがちです。


Aさんよりも年齢が上で、少しだけ早く入社していた同僚のBさんがいました。

AさんとBさんは、ほぼ同じようなレベルの仕事をしているのですが、Bさんは仕事のやり方について、あれこれと張り合ってAさんに文句を言ってきます。

Aさんは、Bさんにうんざりしているのですが、年齢的にも社歴でも先輩のAさんに対して、どういう態度で接していけばいいのかわかりません。

このようなケースでは、AさんがBさんに対する遠慮をやめてみることが、一つの抜け道になります。

BさんがAさんに張り合ってくるのは、Aさんの実力を認めて、自分の立場に危機感をもったからでしょう。

ですから、相手がちょっと年上だからとか、入社時期が少し前だからという遠慮を外して、フラットな気持ちで仕事をしていくのです。

一歩抜きん出てしまえばすんなりと競争が終わることがありますし、一歩抜きん出ることができなくても対等の存在として扱ってくれやすくなると思います。

職位や立場に関係なく、リードできる人がみんなをまとめたり引っ張ったりする役割をすればいいのです。

似たようなところでは、実力主義の職場なのに年齢が若いことを気にして控えめにしている人や、周りの人のレベルに合わせて自分を高めたり自分の幅を広げることを遠慮している人なども見受けられるものです。

でも、**相手に合わせて自分を小さく見せたり、遠慮し続けていると逆効果**です。ますます張り合われたり、「私のほうが上なんだから」と妙な上下関係をつくり出されて苦労をするはめになったりします。

★遠慮をやめると遠慮していたことに気づく

とはいえ、自分が遠慮しているということは、案外自分では気がつかないものなんですよね。ほとんどの人は、遠慮しなくなってはじめて、今までじつは遠慮していたんだ、と気づくんです。

遠慮している間は、どこか窮屈な感じがしたり、気が晴れない感覚があったり、しんどい感じがするものなので、そのような感覚があるときは、自分は遠慮しているんじゃないかな、と見直してみるといいと思います。

同じような立場にいる人から張り合われると、決していい気分はしないし、ストレスに感じるものです。

その代わり、自分が相手に対して遠慮をしていることに気づかされます。

自分も相手も、それぞれの実力を発揮できていたほうがいいですから、張り合われているという事実を、お互いに成長していけるよう、その気づきとして使ってみるといいですね。

Yuzuranai Chikara

詮索好きな人とのほどよい距離のとり方

★何かと比べたがる噂好きな人

誰しも、自分と他人を比べたくなってしまうことはあるのですが、それにしても比較が好きな人というのがいます。

「好き」というのは、ちょっと違うかもしれませんね。習い性というか、習慣というか、自ら他人についてあれこれ情報収集しては、そこにいろいろな感情をもってしまう人です。

いちいち気にしていたらキリがないのでしょうが、そういう人は妙に攻撃的で、突然びっくりするくらい距離を縮めてくることもあるので、スルーするのが難しく感じることもあります。

こういうタイプでいちばんわかりやすいのは、噂好きな人でしょう。身の回りで、会うやいなや立ち入ったことを聞いてきたり、他人のプライバシーに関する情報をしつこく詮索する人に、心当たりがないでしょうか。

こういう人なりのコミュニケーションのパターンなのかもしれませんが、なんだか失礼な感じもするし、少し怖いような気もしますよね。

噂好きな人は、たくさん情報を集めては他の場所でしゃべることを楽しみにしていたり、または、自分より下の要素を見つけて安心したいという心理があります。

自分が満たされていないがゆえに、他の人のちょっとダメな情報が入ると「私のほうがマシ」とホッとできたりするんです。

★「つかみどころがない」と思わせる

とはいえ、他人の満足のために自分に関する情報が使われると考えると、あまりいい気分はしませんよね。

ですから、誰かと話していて、

「噂話や陰口が多いなー」とか、

「なんでこんなに他人のことに詳しいんだろう?」とか、

「そもそも、それは人に言っていいことなの?」とか、

変だなと感じることがあれば、その人には自分が話してもいいと思えること以外は話さないほうが安全だと思います。

自分の話でも他人の話でも、他で話されてしまうことを前提とすることです。

たとえば、「ご主人の年収はいくらなの?」と直球で質問されても、「え? さあ

〜、全然把握してないんですよ」とはぐらかしておけばいいでしょう。

街で偶然会って、「今からどこ行くの？」と聞かれたら、「今から飲み屋でバイトです」など、明らかに飲み屋でバイトしていない人が冗談めかして言うと、〝つかみどころがない人〟として認定されやすくなります。

こういう罪のないウソがとっさに言える人は、上級者だな〜と思います。

また、相手の陰口にうっかり同意するのも危険です。

よそで「そういえば、○○さんもこんなふうに言っていたよ」と話されてしまう可能性があるからです。

★相手の質問に真面目に答えなくていい

こういうタイプの人は領域意識が薄いために、親しい雰囲気になってしまうと、どんどん踏み込まれてしまいます。初期の段階でしっかり線引きをしておくのが望ましいですね。

とはいっても、相手はかなりフレンドリーに接してくるので、会話自体を拒否するというのもなかなか難しいですし、気が引けてしまうものです。

対応のポイントは、相手の質問を真面目にとらえすぎないこと。

相手と同じ土俵で真面目に相手をしていると、聞かれた質問に対して答えるべきか答えないべきかで悩んでしまいます。

多くの人が、質問されたら「ちゃんと答えなくてはいけない」と感じてしまうのですが、それは思い込みです。

質問する側は気軽に聞いているだけでも、答える側はどう答えようか躊躇したり、釈然としないことってありますからね。

ですから、相手に巻き込まれないように、うまく論点をすり替えたり、話題を変えたり、自分が意識を向ける先を変えてしまうのがいいやり方です。

なお、普段はそういうタイプではないのに、なぜかあなたに関する情報を集めようとしてくる人がいたら、その人はあなたに対して何らかのライバル心をもっている可能性があります。

どうして相手が自分の情報を集めているのかがわからないと、気分が悪いですし怖くなりますからね。「何か変だな」と不審に感じたら、そういう可能性もあると頭に入れておくといいかもしれません。

Yuzuranai Chikara

親しくない人に、比較になりそうな話題は避ける

★同じ話を聞いても、感じ方は人それぞれ

自分と他人を比較したときに、自分のほうが優れているな～と思ったり、相手のほうが幸せそうだな～と思ったり、そういうことを「その人から見た事実」として認識することは、誰でもしますよね。

ただ、そこにどういう感情をもつかは、人によって違います。

この章では「比較・嫉妬」について見てきましたが、世の中には同じ事実を見ても、嫉妬という感情をもちやすい人と、そうでない人がいます。

他人に嫉妬という感情をもちにくい人は、グラウンディングがしっかりしていて、才能を発揮している人、みんなから可愛がられている人、パートナーシップが充実している人、自信にあふれている人など、キラキラしている人たちを見ても、動揺しにくいんです。

「いいなぁ」「私もそうなりたい」って素直に思えたり、もしくは「へ〜、そうなんだ」とフラットに受けとめることができます。

「自分は自分、他人は他人」という意識がしっかりあるので、ある意味では「他人ごと」として、自分とは切り離してとらえているとも言えます。

世の中の人全員がそうなら、誰も嫉妬する・されるということで悩むことはないのですが、なかなかそうもいかないんですよね。

だから、「自分とは違う受け取り方をする人がいる」と気づくことは、とても重要な学びなんです。

想像力を使って相手の心理を理解するという視点をもつと、少なくとも自分のほうから他人の嫉妬心をあおるような、余計な振る舞いを避けることができます。

★人となりがわかってきたら話せばいい

知り合ったばかりで人となりがわからない人や、不特定多数の人に対して情報発信するときは、自分の幸せな話は控えておいたほうが無難です（仲のよい人など、人となりがわかっているのなら、神経質にならなくてもいいと思います）。

たとえば、毎年家族で海外旅行に行っているAさんと、毎月のやりくりに苦心しているBさんが、たまたま何かの会合の帰りにいっしょになったとします。

その途中で、Aさんが何気なく「昨年はオーストラリアに行ったから、今年はヨーロッパに行こうと思ってるの」と言いました。

それを聞いたBさんは、「海外旅行なんていいなぁ。私も行きたいな」と思うかもしれませんし、「何よ、嫌みなの。自慢しちゃって」と思うかもしれません。

Aさんは、ただ事実を言っただけのつもりでも、Bさんがそれをどう受け取るかはわからないんです。

幸せの度合は人によって違いますし、心の満たされ具合も違います。

満たされている人なら、「へえ、それは楽しみですね」と客観的に受けとめるようなことでも、そうでない人はそこまでの余裕がないこともあります。

だから、相手がどういうことに対して面白くないと思うかはわからないのですが、**一般的に人が周りと比べがちな話は、控えめにするよう心がけておく**といいと思います。

たとえば、経済的に恵まれていることを匂わせるような話、私生活が充実している話、仕事がうまくいっている話、夫の社会的地位がわかるような話、子どもが学力や才能に恵まれているといった話……。

とくに、ライフスタイルの違いというのは、わざわざ口に出さなくても、身なりや雰囲気、日々の暮らし方などに、にじみ出てくるものです。相手によってはその時点で、あなたに違和感をもっている可能性もあります。

もし、こうした話題を相手が振ってくる場合にも、慎重に対応したほうがいいでしょう。相手から振ってくる場合は、前に言った「噂好きな人」の可能性もありますので、人に話されてもいい範囲で対応していくことも大事ですね。

とはいえ、何も幸せを控えましょうという話ではありません。

いっしょに盛り上がって幸せを分かち合える気心が知れた友人となら、どんどん楽しんでいきましょう。

ただ、言う人は選んだほうがいいですよ、というお話です。

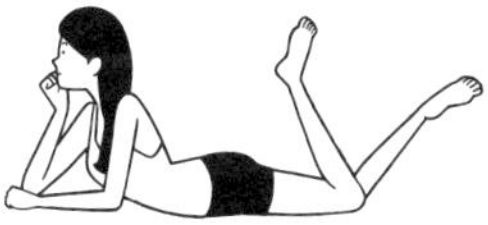

好きになれない人は、あなたのシャドウかもしれない

★似たタイプと張り合いがちな理由

毎回似たような「嫉妬をする・される」の関係が、繰り返されることがあります。

あなたに張り合ってくる人は、いつも似たようなタイプだったりしませんか？

もし、似たようなタイプに攻撃されることが多くて、かつ、あなた自身もそのタイプの人が苦手だとしたら、その人たちはあなたにとって「シャドウ」かもしれません。

シャドウというのは、あなたが抑圧している影の部分をもつ人、またはその要素そのもののことを言います。

わかりやすく言うと、あなたが自分で嫌だと思っている部分のことです。
たとえば、あなたに張り合ってくる人に共通するのが、次のような性格だとしましょう。

・目立ちたがり屋
・とても女性的
・自己主張が強い

あなたが、「こういうタイプの人、好きになれないんだよね」と思っているとすると、もしかしたら、あなたのなかにも同じ要素があるのかもしれないと、心理学では考えます。

本当は、あなた自身も「目立ちたがり屋」で「とても女性的」な性格で、「自己主張が強い」のだけれど、それはよくないことだという観念があるために、一生懸命抑圧しているのかもしれないのです。

★本当の自分に気づくきっかけにする

本当の自分を抑圧している場合、普段のあなたは、シャドウとは正反対の要素が表に出ていることになります。

注目されたい気持ちや自己主張の強さを抑圧すると、控えめであまり自分を主張しない性格になりますし、女性的な要素を抑えているとボーイッシュな印象になりやすいでしょう。

これを聞いて、「え、そうなの？　なんだか嫌だな〜、もやもやする〜」って感じるのなら、今の話はきっとアタリです。

自分がそれらの要素を嫌っていると、相手のなかに自分と同じ部分を見つけて嫌な感じがしてくるのです。

だから、「私にもそういうところがあるな」と認めて受け入れていけると、張り合ってくる相手に対して多少寛容になれる部分が出てくることもあります。

もちろん、シャドウを受け入れることに取り組んだからといって、相手があなたから離れていってくれるわけではないので、「そうなんだ～」って気づくだけでも十分です。

気づくことによって、自分でダメだと思っていた要素を抑え込む必要がなくなるので、心は軽くなり、自由度が増します。

自己主張の強さを抑圧していたら、自分のなかに不満感がたまってきますよね。だけど、自分にもそういう一面があることを受け入れて、ＯＫを出すことができたら、もっと言いたいことを言えるようになります。

そして、その副産物として、主張している人を見ても、あまり気にならなくなってくるということがあるのです。

★意外と多い「女性性」の抑圧

また、女性の場合、本人は認識していないのだけれど、じつは女性性を抑圧しているという人が少なくありません。

女性性とは「女らしさ」がもつ要素で、柔らかさや、慈愛、（女性的な）優しさ、感じる力、受容、育む力、美しさなどがあります。

ここでは、異性から見て、女性として魅力的な要素だと考えていただければわかりやすいと思います。

女性性を抑圧している人のなかには、あまりお化粧をしないなど女性的な振る舞いを避けているつもりでも、周りから見るととても女っぽくて、周囲の女性から嫌がられてしまう人もいます。

女っぽいことが悪いわけではなくて、抑圧していることが周囲の人に違和感を与え、警戒心をもたれてしまうこともあるのです。

そういうこともあるので、早めに本当の自分に気づいたほうが楽になります。

本当の自分を知れば、自分を正当に評価し、いいか悪いかは別にして、「自分はそういう個性をもっている」と認めることができます。

女性性を抑圧している人のなかには、女性性をいいものと思えない人もいるかもしれませんが、たとえ自分がよく思っていなかったとしても、それをうらやましいと思う人もいると、受けとめてみるといいでしょう。

自分ならではの個性として認めていけると、周囲との摩擦《まさつ》は大分減ってきます。**魅力的な要素が見え隠れしているのに、本人は気づいていない、個性として成立していないという状況だと、周りの人が張り合おうとしてくる**のです。

こんなふうに、シャドウはあなたにとって、抑圧している要素を教えてくれる人です。シャドウに気づいたからといって、人間関係の摩擦がすぐになくなるわけではないのですが、嫌だな・苦手だなと思う人がだんだん減ってきます。

それだけでも心の負担が軽くなり、人生が楽な方向に進んでいきますよ。

身近な人とのすれ違いは人間関係が変わるサイン

★不幸ネタがないと友達でいられない？

物事を後ろ向きに考えがちな人から比較の対象にされて、「（恵まれている）あなたとは違うのよ」と言われた経験のある方もいると思います。

直接そのような言葉では言われなかったとしても、態度や空気感など、なんとなく肌で感じたことはないでしょうか。

まるで、あなたと相手の間に一本の線がひかれたように、こっち側の人、あっち側の人と分断されて突き放された感じ。

一人でぽつんと仲間外れにされたようで、なんだか寂しくて、孤独を感じたことのある人もいるでしょう。

孤独って、一人でいるときに「私ってひとりぼっちだな」と感じるものだけではなく、周りにたくさんの人がいっしょにいたとしても感じるものなのです。

こういう気持ちは、周りの人には言いにくいと考える人も多いようです。

「壁をつくられているなんて、気のせいじゃないの?」と言われてしまえばそれまでですし、同じ立場にならないとわからないことだってありますよね。


こんなとき、つい、「私にも欠点やコンプレックスはあるよ」とか、「私だってこんなに大変なことがあるんだから」と言いたくなります。

そうやって、自分の思考回路がネガティブな方向に向くと、あれもあった、これもあったと、出てきてしまうのが困ったところです。

相手の気分が落ち込んで、劣等感や自己否定感があるときに、あなたが自分の大変な話をすることによって、相手が安心するという面はたしかにあります。

でも、ちょっと待ってください。

あなたがほしいのは、問題探しをしたり、「こんなに大変なの」とお互いに言い合うような関係なのでしょうか。

★新しい出会いの準備をしよう

普通は、誰だってそのような関係性は嫌なものです。

「あなたとは違うのよ」と言われれば、「どうしていちいち違うと言って分けるのだろう？」と疑問に感じるはずです。

落ち込んでいる人の力になりたいという気持ちからであっても、「私だってこんなに不幸なんだから、あなたと同じだよ」という方向性では、相手は安心しても、あなた自身の気持ちが暗くなってしまいます。

本来なら、お互いの不幸なところよりも、お互いの恵まれているところやいいところを分かち合っていくほうがずっと前向きな関係ですよね。

もし、**「周りに、お互いのいいところを分かち合える人がいない」**と思うのであれば、**あなたは今、付き合う人のステージが変わる過渡期にいる**のです。

あなたが望むような人間関係をもつことができるように、自分を高めていかなくてはなりません（これも、chapter1に出てきた、グラウンディングの強化に関係しています）。

「ネガティブな人といっしょにいたいわけではない、でも、お互いを高め合えるような人もいない」、だから「孤独感に苛《さいな》まれて、つい足を引っ張るような人とでもいっしょにいてしまう」という葛藤を抱えている人が多いのかもしれません。

もしくは、「ネガティブな人とはいっしょにいられないから一人でいるけれども、寂しさは拭えない」という方もいるでしょう。

でも、自分の内面が変われば、出会う人も必ず変わります。その相手は、自分に対する信頼感がある人でしょう。

新しいステージの人たちと出会うまでにはタイムラグがあります。

だから、自分のいいところ、恵まれているところを味わって、もっともっとと望んでくださいね。

また、うまくいっていた友達関係でも、「このごろ感覚が違ってきちゃって、しっくりこないな」と思ったら、その自分の感覚に従ってみるといいでしょう。

昔からずっと続いている人やお世話になった人だと、躊躇するかもしれませんが、何も縁を切るわけではなく、距離を置いてみるのです。

人はみな変化していますから、お互いのステージが変わって合わなくなることは自然にあることです。

しばらく離れたとしても、縁があればまた数年後に仲よくなることもありますので、必要以上に執着しないことですね。**縁のある人とはつながっていけることを信頼しましょう。**

他人をうらやむ気持ちを浄化する方法

★周りに「幸せな人」が多いほどいい理由

領域意識をもって、「自分は自分、他人は他人」としっかり線引きできれば、自分と他人を比べてあれこれ思い悩まなくてもすみます。

でも、人間ですから、他の人を「いいなあ」って思うことはありますよね。

それ自体を否定しなくてもいいと思うんです。

たとえば、早く自分の家庭をもちたいと思っている人が、友人から「結婚することになりました、赤ちゃんができました」というおめでたいニュースを聞いたときに、それを手放しでは喜べない場合もあるでしょう。

素直に喜んであげられない自分が嫌で責めてしまう人も多いですが、そういうときにテンションが下がったり落ち込んだりするのは、別に変なことではありません。余裕がないときにはそう思ってしまうものですし、落ち込むということは、本当は祝福してあげたいという優しい気持ちがあるからなんです。

そんなふうに、**他人の喜びごとに複雑な気持ちをもってしまうときは、「次は、私にもいいことがあるかもしれない」と視点を切り替えてみる**といいと思います。

「どうせ私なんて」などと安易に思ってしまうと、無意識のうちに「うまくいくこと」に抵抗が生じて、本当にうまくいきづらくなってしまいます。

「次は私の番」と思えることは、その抵抗をはずし、自分に対して「うまくいっていい」と許可を出すことなんです。

実際、結婚や出産、臨時収入、仕事でいい結果を出した、昇進したなど、身近な人にとって嬉しいことが起こっているときは、自分にもいい流れが来ていることが多いです。

私たち一人ひとりが周りの人に及ぼす影響というのは、思っている以上に大きく、うまくいっている人は運も勢いもあります。

自分の周りが不満や愚痴を言っているような人ばかりのときと、幸せな人がいっぱいいるときとでは、自分に与えられる影響はずいぶん違うと思いませんか？

心から満たされている幸せな人が周りに増えれば増えるほど、他人の幸せにも寛容になり、むしろお互いの幸せを応援し合えるような関係性ができます。

そして、自分もその人たちのように、うまくいくことへの抵抗がなくなります。

★人は自分が思った通りの自分になる

また、私たちは「自分とはこういう人だ」というイメージ（これを自己概念と言います）をもっていて、その自己概念に見合った言動や振る舞いをしようとします。

そして、結果的に自分が思った通りの自分になってしまいやすいのです。

たとえば、「私にはセクシーで可愛らしい格好は似合わない」と思っていると、現実にもそのような服を身にまとうことに抵抗感が出てきやすくなります。

「私は人から好かれない」という自己概念をもっていれば、それに見合う振る舞いをしますから、人との間に距離をつくり、相手を「私のこと嫌ってるんじゃないかな」と疑いの眼差しで見てしまうことになります。

先の例であれば、「どうせ私は、いつまでも家庭をもてないんだ」などと思うと、それが自己概念を形づくり、その人の振る舞いを変え、ゆくゆくは現実をつくっていくことになりかねないのです。

そんなふうに、自分の可能性を狭めてしまうより、「次は自分の番かもしれない」ってひそかに思えたほうがいい流れに乗りやすくなります。

★吐き出すことで気持ちが変化する

とはいえ、どうしても「なぜ、あの人はうまくいって、私はうまくいかないんだろう」と思う気持ちが止まらなかったら、どうしたらいいでしょう。

最終手段は、その感情に蓋をしないで吐き出してしまうことです。

紙に自分の気持ちを書き出してみるのもいいですし、自分で言葉にしてつぶやいてみるのもいい方法です。

人に話して聞いてもらうのもいいですが、相手は選んだほうがいいと思います。

安心して話せる人がいなければ、安全な場所であるカウンセリングを使って、カウンセラーに話してみるのもいいでしょう。

多くの人は、なるべく嫉妬したくはないし嫉妬はよくないと思っているので、自分のなかに嫉妬を感じると、その思いに蓋をしようとするんです。

何も感じていませんというフリをしたくなると言いましょうか。

でも、**蓋をしても、一回思ってしまった感情はなくなりません。**

それに、蓋の下で黒い感情がどろどろと濃度を増すのを放っておくと、自分が嫉妬されたときに、自分がかつて誰かに嫉妬したときに感じた嫌な感情がよみがえってきてしまいます。

そうすると、「あの嫌な思いを自分に向けられるのか」と、嫉妬されることへの恐怖が増してしてしまうことにもなります。

嫉妬心は、感じきって昇華していくほうが回復が早いこともあります。

「いいなー、あの人だけずるい、うらやましい！」ってどろどろを吐き出していくうちに、「すごーい、私もそうなりたい〜！」と気持ちが変わってきます。

途中、「私には無理だな」という無力感や、「どうせ私なんて」という自己嫌悪が出てくることもありますが、それでも吐き出し続けましょう。

私って無力感も自己嫌悪もあるんだな〜という気づきですから。

こんなふうに、自分のなかにある嫉妬心を昇華できると、他人から嫉妬されることへの恐怖心も減ってきますので、一石二鳥なのです。

chapter 3

ゆるぎない自分をつくる

{ Yuzuranai Chikara }

望む生き方に必要なのは「自分を知る」こと

★何をすれば自分らしくいられるか

「ゆずらない力」を身につけて自分の領域を守ることができたら、自分の範囲内であなたは自由に何でもすることができます。

でも、他人とのトラブルがなくなると、急に何をしていいのかわからなくなる人もいます。それは、今まで、自分のことを見つめる余裕がなく、とくに必要性を感じていなかったからです。

望む生き方をするには、まずは「自分のことを知る」ということがとても大切です。そのほうが、自分が望んでいるものを手にすることができます。

「たまたま手に入ったものが、じつは自分が潜在的に望んでいたものだった」などということは、なかなかないですからね。

たとえば、大切な少数の人たちとの時間を大切にしたい人が、「人脈を広げないと不安だから」といろんな場所に顔を出して、浅い人付き合いを増やしていっても、だんだんつらくなってきます。

人前に出て話をしたり人を巻き込む力がある人なのに、ほとんど会話がないような事務や研究などの作業をずっと続けていたら、具合が悪くなってくることもあるでしょう。

本当は愛情深くて優しい人なのに、自分の気持ちを表現したり相手を大切に思っていることを伝えるのが苦手で、でもそのことに自分で気づかず、論理的なコミュニケーションを取り続けていたら、パートナーに冷たい人だと誤解を与えてしまうかもしれません。

こんなふうに、**自分らしくない振る舞いをしていたり、自分らしさが発揮できない場所にいると、その間中、フラストレーションを感じることになります。**

仮に自己表現したいと思っていても、自分が何者かを知らなかったら、表現する中身も見つからなくなってしまうでしょう。

その点、自分が何が得意で何が不得意かをわかっていれば、自らの才能を最大限に発揮できる仕事を選ぶこともできますし、才能を磨いて活躍していくことも可能になるのです。

★「自分のことばかり考えている」人の盲点

自分のことを知るためには、自分に関心をもつ必要があります。

でも、「自分のことを考えている」ことが必ずしも、「自分を知る」ことにつながっていない場合があります。

「自分のことばかり考えているのに、全然自分のことがわかりません」とおっしゃ

る方は、たいてい、「自分を責めること」や「他人から自分がどう思われているか」にばかり焦点を当てています。

仕事を頑張れない自分はダメ、人間関係がうまくいかない自分はダメ、失恋から立ち直るのに時間がかかる自分はダメ、人目を気にしてしまう自分はダメ、自信がもてない自分はダメ……。

どれだけ自分を責めても、他人の目を気にしても、自分が何者であるかはわからないんです。自分の姿が曇って見えなくなってしまうだけです。

そうではなく、自分の望みを知ろうと思い、自分を愛そうと思って、観察することが大切です。

「自分のことばかり考えている」と言っても、それが愛なのか攻撃なのか、自分にどんな眼差しを向けているかで結果はまったく違ってくるのです。

★他人と関わって違いを知るほうが早い

じつのところ、自分を知るには「自分のことばかり考えている」より、人と関わることによって、人との違いを通じて自分を知っていくほうが早道になることもあります。他人は、自分は何者かを知るための鏡になるんです。

他人と自分との差異を知り、他人とは異なる自分を「受け入れる」ことによって、自分らしさを発揮しやすくなっていきます。

そもそも人が苦手で気さくに話かけられないとしたら、それも今の自分だと認めて受け入れていけるといいでしょう。

なぜなら、今の自分は、今後変わっていく可能性が十分にあるからです。

今の自分を認めることができたら、意外と「本当は人が好きで、もっと人と関わりたいと思っていた」なんていうこともあるかもしれません。

自分を知ろうとする前から「自分はこういう人間だ」と決めつけるのは、可能性を制限してしまいますから、ちょっともったいないですよね。

{ Yuzuranai Chikara }

うまくいく人は、物事の「好き嫌い」がハッキリしている

★ほとんどの人には、大切にしている価値観がある

「自分を知る」ためには、物事の好き嫌いを明確にしていく訓練が欠かせません。

自分らしく楽しく生きている人は、好きなもの、嫌いなもの、興味のないものが、人であれ物であれハッキリしています。

仕事などの職業についても、パートナーについても、友達についても、趣味などの遊びについても、私たちには好みというものがあります。

好き嫌いをはっきりさせることは、自分の望みを知るうえでとても役立ちます。

とはいえ、すぐに「これが好き！」というのが見つからなくても、悲観的になることはありません。

たくさんの方とお話ししてきましたが、「やりたいことがない、好きなことがない」と言っている人でも、本当に何もないということは少ないんです。

ほとんどの人には、その人が大切にしている価値観やこだわり、情熱があります。

ただご本人が、気がついていないだけなのです。

★嫌いなことのほうが見つけやすい

人は、これといって好きなことがない場合でも、嫌なことや興味がもてないことは何かしらあります。そして、「こういうのは嫌だな」「こういうのは素敵だと思えないな」という気持ちは、とても大切なものなのです。

なぜなら、ポジティブな方面でもネガティブな方面でも、感情が揺れるポイントには自分が大切にしている価値観が眠っているからです。

そして、嫌いなものがハッキリすると、その裏側にある好きなものが見えやすくなります。

「好き」と「嫌い」は、表現の裏表になっていることも多いからです。

たとえば、「大人数でワイワイ盛り上がってお酒を飲むのは嫌い」というのは、裏返すと、「2～3人くらいの少人数でしっとりお酒を飲むのが好き」とか、「一人でのんびりお酒を飲むのは好き」とか、「お酒抜きで盛り上がりたい」とか、いろんな「好き」の可能性を探す手がかりになりますよね。

★安全圏から出てみると感情が揺れる

好き嫌いというのは、頭で考えてもわからないことが多いので、心を意識的に動かしていくことが必要です。じつは、自分の素直な感情にブレーキをかけているから、好きなことが見つからない、ということもあります。

自分の安全な範囲から出ないでいると、それなりに好きなことはあるけど、それなり止まりでピンとこないということが起こりがちです。

自分の感情が必要以上に揺れない場所にいるということですから。

たとえば、運動が苦手で普段体を動かさない人であれば、旅行に行ったときに美術館に行ったり音楽を鑑賞することは、珍しいことではないでしょう。

そこを思い切って、自然のなかをハイキングしてみたり、ハンググライダーに挑戦したり、馬に乗るなどの選択を視野に入れてやってみると、意外なところで自分が好きなことが見つかる可能性があります。

想像ができる範囲内でしか好きなことを探していない場合は、思い切って、今までの範囲外のところに足を踏み出していくチャレンジも必要なんです。

{ Yuzuranai Chikara }

望んでいるものに意識を向けるトレーニング

★元に戻らないように、心に習慣づけを

自分の好きなことがわかってきたら、そこにできるだけ意識を向けましょう。

今、自分が考えて行動していることが未来をつくります。

だから、**「自分がやりたいこと・嬉しいこと」に焦点を当てておくことで、自分らしく楽しく生きられるようになる**のです。

ただし、望むものに意識を向けるというのは、慣れていない間はすぐにはできないので、トレーニングが必要になります。

人の心は、一度変化しても元に戻ろうとする性質がありますので、習慣として定着するまでは何回も繰り返し行うことが大事なのです。

進んでは後退して、また進んでを繰り返して変化していくものなので、後退した気がしても問題ありません。また進めばいいのですから。

★1カ月で定着する自分を変えるノート

望むものに焦点を当てるためのトレーニングには、ノートに書き出す方法がおすすめです。

今からご紹介するノートを使ったトレーニング方法は、私自身がやってみて劇的な効果があったやり方で、他にも多くの人が実践して効果を実感しているものです。

やり方はいたって簡単です。

まず1冊のノートを用意してください。書くことのルールは次の通りです。

①その日にあったよかったこと（嬉しいことや感謝したいこと）を書く

②自分を褒めるコメントを書く
③望む人間関係、お金、仕事、生き方などについて書く
④ネガティブなこと（文句、愚痴、嫌なこと、望まないこと）は書かない
⑤できれば毎日、最低1カ月以上は続ける

一つひとつ説明しましょう。

①その日にあったよかったことを書く

このメリットは、よいことに意識が向くことです。

自分は運がいいと思っている人や何かと恵まれている人は、毎日の生活のなかでよいことに意識が向いています。だからよいことが増えていくのです。

実際にノートをつけてみるとわかりますが、よいことをノートに書こうとすると、日常のなかで積極的によいことを見つけようという意識が生まれます。

電波を受信するアンテナのように、自分のなかによいことについてのアンテナが

立って、センサーが敏感になるのです。

意識を向けたものがどんどん拡大していくといってもいいでしょう。

これは、逆を考えてみると、よりわかりやすいかもしれません。

自分にダメ出しをしてネガティブになっているときに、どんどんネガティブのループにハマってしまった経験はないでしょうか。「泣きっ面に蜂」ということわざがあるように、悪いことが重なるときは悪いことに意識が向きがちなのです。

②自分を褒めるコメントを書く

1日に、最低一つは書いてみましょう。

今日頑張ったなと思ったこと、人よりも得意だなと思えること、よい変化をしてきたこと、性格的によいと思えること、なんでも結構です。

グラウンディングを強化していくためには、自分を認めていくプロセスが不可欠ですので、これを続けると自信がもてるようになります。

③望む人間関係、お金、仕事、生き方などについて書く

自分が望むことについて、思いつくままに書き込んでみてください。

どんな人に出会いたいか、どんな仕事をしたいか、どんな自分になりたいか……。

①と同じで、望むものに意識を向けることでそれらに近づいていくためです。

今現在、望まない人間関係のなかにいたり、お金がなかったり、仕事が好きじゃなかったり、生き方に迷ったりしていたら、その経験を望むものを考えるための材料にしていけばいいのです。

思い通りにいかないことをひっくり返して、望むことを考えましょう。

④ネガティブなことは書かない

これは、必ず守っていただきたいルールです。

どうしても腹が立ったり、気持ちがおさまらないことがあれば、別の紙に書き出して、ビリビリに破って捨てるなどしてみてください。

手書きで文字を書けば、そこにあなたの想いというエネルギーが乗ります。

ノートにはいいエネルギーをまとわせておきたいので、よいことだけを書くことが大切です。

⑤できれば毎日、最低1カ月以上は続ける

心の癖が変わりはじめるのは、ちょうど3週間から1カ月ほど経ったころです。もし、忙しくてできない日があっても、翌日から再開すればいいので、できるだけ続けてみてくださいね。

1カ月経ったら、自分の状態や感じ方が変わってきたことに気づけると思います。

このノートのトレーニングは「それなりの生活だけど、何か物足りないな」と思っている方にも効果的です。ぜひやってみてくださいね。

Yuzuranai
Chikara:
Column

自分のいいところを認めるためのエクササイズ

①自分のよいところを人に聞き、リストアップする

グラウンディングを強化するためには、自分の価値を認めていくことが必要になります。自分を卑下して低く見せるのがよくない理由は、単に自分の気持ちが暗くなるというだけではありません。

意識的にせよ無意識にせよ、自分に対する自己否定や自己攻撃を繰り返していると、周りの人からも攻撃されやすくなるためです。自分が自分にしている扱いが、周りの人からの扱いにそのまま反映されるのです。

そこで、自分で自分の価値を認めるための方法として、自分のいいところを

リストアップしてみることがおすすめです。

あなたのことをよく知っている人（家族や、仲のよい友達、応援してくれる知人など）に、「私のいいところはどこだと思う？」と聞いてみましょう。

愛情深い、面白い、スタイルがよい、華やか、素直、頭がよい、器が大きい、行動力がある……など、いろいろと教えてもらってください。

そして紙に書いてリストをつくり、できるだけ目に触れる機会を増やします。あなたのことをよく知っている人が教えてくれた要素は、すでにあなたがもっているものとして信頼できる情報です。「自分のことは自分がいちばんよく知っている」と思いがちなのですが、案外わかっていないことも多いですよね。

このとき、大きめの鏡に自分の顔を映し、鏡に映った自分の目を見つめながら、教えてもらった自分の価値リストを読み上げてみるのもよい方法です。

最初は気恥ずかしさが出て、抵抗があるかもしれませんが、鏡のエクササイズはとても効果的なので、ぜひトライしてみてください。

②相手のよいところから、自分のよいところを見つける

日常で素敵だなと思う人がいたら、どこが素敵だと思うのか理由を思い浮かべてみます。たとえば、「愛されキャラでいいなぁ」と思ったら、相手だけじゃなくて自分にも同じ要素があると思ってみましょう。

他人の価値は、自分の心のなかの「価値を見るフィルター」を通して見ています。だから、もともと自分のなかにないものは感じられないのです。

もし、「いやいや、そんなの自分にはないよ！」と強く思う場合は、じつはすでにもっているけれど「抑圧されていて表面には出てきていないもの」だととらえてみるといいでしょう。まずは、「自分のなかにも同じ要素があるんだな」と認めてみようと思うところからはじめてくださいね。

{ Yuzuranai Chikara }

自分のどんな感情も見逃さない

★あなたが嫌っても、相手に価値がないわけではない

自分を幸せにしてあげるときに、避けては通れないのが自分に正直になることです。食べたいものを食べて、好きな人といっしょにすごし、言いたいことを言い、やりたい仕事をする。

積極的に好きなものを選び取っていくことで、満足度の高い生き方ができます。

でも、**好きなことが見つからない人のなかには、「好き」はともかく、「嫌い」という感情をもつことに罪悪感を抱いてしまう人もいます。**

とくに人については、「嫌ってはいけない」「仲よくしなければならない」と思っている人が案外多いものです。好き嫌いを判断するときに、そういった義務感が出てくると、思っている以上に心を縛られてしまいます。

本来、好みというのは自然と出てくるもので、無理やりねじ曲げられるものではないですよね。

心が自由なら、なんとなく好きだと感じる人、嫌だなと感じる人、あんまり興味が湧かない人、いろいろいるのが普通です。

ときどき、あまり好きになれない人を無理に好きになろうとして、苦しくなっている人がいますが、「私、この人苦手だな〜」と気づいてしまってもいいんです。自分をいつわるのにはそれぞれの理由がありますが、心のなかで好き嫌いを認めても、大きな問題はないはずです。罪悪感はなるべく減らしていきましょう。

あなたの好みにあてはまらないだけであって、その人に価値がないわけではありません。

だから、「ポジティブな感情もネガティブな感情も、感じていいんだ」、「好き嫌いがあってもいいんだ」と思っていただきたいんです。

どんな感情も感じていいのだという許可が自分のなかで出ないと、のびのびと自然体でいることができなくなります。

★感覚を研ぎ澄ませて注意を向ける

また、自分の感覚をごまかさないということは、すごく些細なことも見逃さないということでもあります。**人間って、本当にいろいろなことを感じているんですが、つい流してしまいがちなんですよね。**

たとえば、初対面であっても、そうとは思えないほどリラックスして話せる人もいますし、逆に居心地が悪く感じたり、違和感を覚える人もいると思います。

これは無意識のうちに、好きなタイプの人と、そうでもない人を、自分の感覚が判断しているからなんです。

ことさら好き嫌いを自覚しなくても、自分の居心地のよさみたいな感覚はごく自然に味わっているものですよね。

ちなみに、**初対面の際の「この人、なんだか変だな」という感覚は、直感でたいてい当たっていますので、安易に流さないでしっかり注意を向けてください。**

嫌な感じがするなと思えば、その相手にはできるだけ近づかないことです。

たとえば、すごく話が面白いなと思う人がいて、でもあまりにも面白くてできすぎた話のような感じがしていた場合に、後になって他の人の話を面白おかしく大げさに盛ってしまう癖のある人だとわかった、とか。

話題に上がっていた本人と話をしてみたら、全然ニュアンスが違っていた、ということもあるかもしれません。

話が面白いのはいいことですが、自分の話も大げさに盛られてしまう可能性があります。なんだか変な人だなと感じたら、その感覚は保留にして、感覚の正体がわかるまでは慎重に行動してみましょう。

「生まれもった個性」をどう活かすかが基本

★人と同じことをしてもうまくいかない理由

世の中には、同じことをしているのに、人から好かれる人と、そうじゃない人がいますよね。

たとえば、年上の人に親しい口をきいても可愛がられる人と、生意気だと思われる人、「何が違うんだろう?」と不思議に思ったことはないでしょうか。

これは生まれもったタイプがそもそも違っているんだと思います。

もって生まれたものには、好みでも性質でも固有のものがあって、変えるのは難しいです。

だから、生意気だと思われている人が、可愛がられている人のマネをしても、やっぱり何かがいっしょにならないんです。

好かれようと思ったら、生意気に思われている人なりのアプローチが必要です。

私は、**自分らしく楽しく生きようと思うのなら、自分の性質を無視することはできない**と思っています。

自分がもって生まれたものをちゃんと知って、その性質を否定するのではなく、うまく活かしていくことがいちばん簡単で手っ取り早く幸せになる方法です。

でも、**「身の回りでうまくいっている人のイメージ」や「こうなりたい憧れの人のイメージ」に引っ張られて、本来の自分の個性、自分のよさがわからなくなってしまうことがある**んですよね。

★理想に執着して、本来の自分を見失わない

たとえば私の場合は、行動力があってたくさんの素敵な人たちと交流がある、か

っこいいキャリアウーマンタイプの女性を目指していた時期がありました。

学生のころからおとなしそうだと思われていたために、社交的で快活なタイプに憧れがあったんです。

ところが、あれこれ試行錯誤してみても、おっとりしたところのある私はそのようなタイプにはなれませんでした。


積極的に誘いに乗ってみたり、新しい人と知り合うような場に行くなどして、たくさんの人と連絡先を交換しても、些細なことが気になって、関係を続けていくことに疲れてしまいます。

人との間に距離をとって相手を慎重に観察するところがあるので、なかなかオープンマインドになれず、親しくなるのにすごく時間がかかりました。

また、キリッとした仕事のできる女性のイメージに憧れて、ハッキリしゃべるように気をつけていましたが、周りの評判を聞くと、結局おっとり、ふんわり、というイメージはずっとついて回っていたんです。

それで、かっこいいタイプにはなれないんだなと、さすがにあきらめました(笑)。

もちろん、いろいろチャレンジしたことによって経験の幅は広がったので、努力したことはよかったと思っています。

でも、本来の自分とは違う理想を追い求めすぎると、自分の個性がわからなくなってしまうこともあるように思います。

私のように、内向的で気の合う人と深く付き合うタイプの人は、社交的な人に憧れることがあります。**憧れるだけならよいのですが、「そうじゃない私はダメ」と否定的な自己概念を強化してしまう**ことがあります。

すると、もともとの自分の個性まで見失ってしまい、身動きがとれなくなってしまうことがあるんですね。

理想の自分を演じることで自分の成長につなげていくことはできますが、理想そのものになれるわけではありません。

自分の個性をないものとするのではなく、どちらも自分の一部として認めていけるといいですよね。

★「自分を好きでいてくれる人」を大切にしていく

このように、人にはもって生まれた個性がある以上、すべての人に好かれるのは不可能です。人気者のマネをしても、誰でも同じように人気者になれるわけではないですよね。

だから、無理に誰かのようになるのではなく、自分の個性をちゃんと認めて活かしていったほうがいいのです。

個性を出すことで嫌われることはもちろんあるけれど、それも仕方ないなと覚悟したほうが、自然体でいられます。

自分が好き嫌いをもつのが自由なように、他の人も自由なのです。

嫌われてもいいと覚悟ができると、あなたのことを好きな人たちが周囲に集まってきます。

いちばん大切なことは、**あなた自身が自分にとって大切な関係性を選べていることと、その人達とどううまくやっていけるか**なんです。

それに、自分の人生は自己概念にとても左右されます。

あなたが自分の個性を、「素晴らしい、愛される価値がある」と思えば、周りから大切に扱われ、自分が思っている通りに愛されやすくなるんです。

{ Yuzuranai Chikara }

人が受け入れやすい自己表現のカタチ

★人と近い距離になるときに欠かせないこと

カウンセリングでは、端から見るとうまくいっているようでも、じつは人付き合いに苦手意識がある人からのご相談がとても多いです。

こういう人は、たとえば職場の人間関係などは問題なくこなせます。挨拶をしたり、軽い立ち話をしたり、出身はどこで趣味は何で、休日はこんなふうにすごしています、お酒が好きですといった話をするのは全然問題ないんです。

でも、人付き合いには、距離感が遠い関係と近い関係とがあって、距離感が近くなると苦手だなと感じる人もいます。

距離感が近くなれば、相手の人となりがわかりますし、自分の人柄や価値観なども相手に伝わりますよね。

自分のことがバレてしまうことが怖いと感じている人は、より近い友達関係や、恋愛や夫婦関係などのパートナーシップなどに及び腰になりやすいです。

なぜなら、**「本当の自分を知られたら嫌われてしまうのではないか」**という恐れをもっているからです。

相手が好きな人であったり、大切な人であればあるほど、自分を見せて嫌われたり拒絶されたらどうしようと感じるものです。

欠点や、自分が好きなものを好きと言うことや、どう考えるかどう感じるかを表現して、受け入れてもらえるかどうか不安になることもありますよね。

誰だって大切な人には嫌われたくないですが、そうは言っても、人と近い距離になろうとするときには、自分の内面を見せていく過程は外せません。

だから、人に受け入れてもらいやすいアプローチを知っておくといいんです。

★「こんな私でごめんなさい」という空気を出さない

最初から身も蓋もないことを言うようですが、あなたが勇気を出して自己開示したからといって、相手が受け入れてくれるかどうかはわかりません。

その人がどう思うかはその人の選択なので、残念ながら他人はどうすることもできないのです。

ただ、相手が受け入れてくれるかどうかはコントロールできませんが、相手があなたのことを受け入れやすくなるコツというのは存在します。

それは「**自分をいいものとして表現する**」、もしくは「**フラットな状態で自己開示をしていく**」ということです。

逆に言えば、「こんな私ってダメですよね……」と罪悪感いっぱいで差し出さないということです。

たとえば、初対面のときにすでに「私ってこんなにひどい人間なんです。ほら！最低でしょ」という雰囲気で自己紹介をされる方を見かけることがありますが、受け取る側としては戸惑ってしまいますよね。

正直なところ、「そ、そうなんですか……」となりませんか？

自己紹介する側としては、最初から自分を低く認識してもらってハードルを下げておこうという意図だと思いますが、受け取るほうは受け入れたくても受け入れにくくなるんです。

わざわざ相手に愛させないようにしている、そんな態度だと言えるかもしれません。せっかくハードルを下げても、これでは意味がないんです。

★自分をフラットに受けとめる

「自分をいいものとして表現する」「フラットな状態で自己開示していく」ための基本となるのは、自分が自分のことを受け入れているということです。

これもグラウンディングの強化において大事なことです。

自分を好きになれたらいちばんいいですが、好きだと思えなくても、「私ってこういう人」と認めて受け入れることはできますよね。自分の好きなものは、誰になんと言われようとやっぱり好きなんだなと受け入れる。

それが誰かに否定されたとしても、自分の好き嫌いに、人としての価値は関係がありません。ただの好みであり、考え方なんです。

たとえば、漫画が好きな人が、「漫画大好きー！」って嬉しそうに言う場合と、「私漫画好きなんですよね……でもオタクだって思いません？　本当、私って暗いんです」と罪悪感まみれで言うのとでは、全然印象が違いますよね。

本書では繰り返し言ってきましたが、罪悪感がある人は、周りの人から攻撃を受けやすくなるんです。だから、**自己表現をするときには、なるべく罪悪感を入れ込まない**ことがポイントです。

また、**「相手はきっとこう思うだろう」と他人の判断を先回りして取り入れるの**

もよくありません。 自分が伝えようとしていることに、勝手に想像で色をつけないようにしましょう。

自分に自信がもてない人のなかには、「こんなにダメな私を受け入れてもらえたら、自分でも自分を受け入れられる気がする」と考えて、あえて必要以上に自分を悪いものとして表現する人もいます。

たしかに、〝最低の自分〟を他人が受け入れてくれたら、自信はつくかもしれません。

でも、近しい関係でもない人に、そこまでの包容力を求めるのはなかなか難しいですから、やっぱり正攻法でいくほうがうまくいきやすいです。

人には、受け入れやすい自己表現のカタチというのがあるのです。

自分が自分の価値を認め、いいものとして表現すれば、そのほうが受け入れられる可能性は格段にＵＰします。

{ Yuzuranai Chikara }

癖になった「フリ」は意識しないと治らない

★パターン化した行動を変えるのは、自分との約束だけ

自分の心に寄り添って望むものを知り、行動につなげていくことが、ほしいものを手に入れる最短距離です。

でも、見たくない感情や認めたくない自分の姿があると、どうしても、自分自身を直視できないことが多いものです。

そこを放置して取り組まないでいると、しばらく経ってまた同じ課題がやってくることになります。私の経験上、やはり課題はクリアしていかないと、ずっと追われることになるのだなと感じています。

人間関係につまずいて会社を辞めても、自身のパターンが変わっていなければ、また次の就職先で同じように人間関係で問題が起きてしまうのはこのためです。**場所が変わっても、自分自身が変わっていない限り、同じことが起こります。**


そこで大事なのが、自分をごまかさないこと。行動につなげていくこと。

変わりたいと心が思っているのに、行動パターンが今までといっしょだったら、何も変わらないですよね。


たとえば、「仲よくなれたら嬉しいな」と思っている人が通りかかって視界に入ってきたときに、「あっ！　〇〇さん！」とすぐに反応できているでしょうか。

目の端にとらえているにも関わらず、気づいていないふりをしていませんか？

あなたの視界に相手が入っているということは、相手の視界にもあなたが入っています。ですので、あなたが気づかないふりをしていることも、相手は多分わかっているんです。

一瞬の躊躇が、あなたが「ふり」をせざるを得なくなる原因です。

ここに気づけたら、できるだけ反応するように練習してみましょう。

1回でうまくいかなくても大丈夫です。3割成功したら十分、という気持ちでやってみましょう。

「ふり」も癖なので、練習することで変えていくことができます。


他にも、「しんどいのに平気なふり」、「本当は寂しいのにほっといて、なふり」、「腹が立っているのに怒っていません、なふり」、「好きなのにそれほど興味ありません、なふり」など、いろいろありますよね。

ほしいものがあれば、ただ心は素直にそれをほしいと願い、手に入れるための行動をする。たったそれだけです。

些細な話だと思うかもしれませんが、**こうした日常の小さな成功体験、それも自分との約束の実行は、あなたの自信を大いに育んでくれます。**

★勝手につけられたイメージとは距離を置く

「ふり」を続けていると、周りの人から特定のイメージをつけられてしまって、そのイメージが自分の足かせになってしまうこともあります。

「いつも明るくて元気な○○さん」とか「おとなしくて口数の少ない○○さん」、または「ひょうひょうとしていて何を考えているかわからない○○さん」など、周りの人はイメージでレッテルを貼ることがあります。

イメージはあくまでイメージであって、本来の自分とはかけ離れていることもままあります。

それに、常に「明るくて元気」な人なんていないですし、「おとなしい」人が誰に対してもおとなしいわけではありませんよね。

とはいえ、**特定のイメージがつくと、そのイメージ通りに振る舞わなければならない、というプレッシャーを感じやすくなるのはたしかです。**

その結果、元気がないときや落ち込んでいるときでも「明るいふり」をしなければならなくなってしまい、しんどい思いをすることになるのです。

特定のイメージをもたれてしまうのには、本人が「ふり」をしていること以外にも、見た目の印象や、普段の交流の場面が限られていることによって、誤解が生じている部分もあると思います。

本当の自分は違うと思うのなら、周りの人が自分に対してもっているイメージに、自分のほうから合わせていく、というのは避けましょう。

これは、「相手はこう思っているから、そうじゃないふうに振る舞わなきゃ」ということではなく、周りの目を意識しないで自由に振る舞うということです。

あなたが「予想外」のアクションをとったとき、周囲の人はイメージとのギャップに驚くかもしれませんが、そこでめげないようにしましょう。

「やっぱりイメージ通りじゃないといけないんだ」とは思わないことです。

周囲の人は驚いているだけであって、イメージを強制しようとしているわけではありません。

本当のあなたを知っているのはあなただけ。

プレッシャーに負けそうと思うなら、最初はむしろイメージを書き換えるような
つもりでいたほうがいいかもしれませんね。

どれだけ自分に正直に素直でいられるかが問われていると思いましょう。

Yuzuranai Chikara

「私は幸せだ」と感じられる自分を大切にしよう

★選んだフィルターが人生を左右する

私たちは同じ世界を見ていると思いがちですが、親しい友達であっても家族であっても、本当は、みんな自分だけの世界観のなかで生きています。

同じ夕焼けを見ていても、ある人は、「なんて綺麗な赤い空だろう」と思い、またある人は「なんだか物悲しい赤い空だなぁ」と思います。

綺麗だと思った人は気分がいいというフィルターを、もう一人は物悲しく寂しいというフィルターを通して、夕焼けを見ています。

同じものを見ても、人によって受け取り方が全然違いますし、そのときの心の状態で感じ方は変わってきます（これを「投影」と言います）。

なぜなら、私たちは生まれてから今に至るまで、いろいろな考え方に触れ、いろいろな感情をもち、それぞれが独自の観念をすでにもってしまっているからなんです。

たとえば、「お金」に対する見方も、人によって違いますよね。

ほしいもの、汚いもの、苦労しないと手に入らないもの、権力、パワー……。

どれが正しい、どれが間違っているということはありません。

注目すべきは、**私たちはこうした自分なりの観念というフィルターを通してしか、物事を見ることができない**という点です。

たとえば、お金を「汚いもの」と思っている人は、お金をもっていると罪悪感が生じてしまうかもしれません。

そうすると、お金儲けのチャンスを逃してしまったり、お金をもってしまうことで人間関係に支障をきたしやすくなるかもしれませんよね。

だから、**自分らしく楽しく生きるには、自分に合った「観念」を、上手に選択していくことも大事なんです。**

★自分にふさわしいポジションに戻ろう

たとえば、過去に、「私、幸せなんです」って言ったら、周りから「えー、何言ってんの」と、嫌な顔をされたとしましょう。

そういう経験があると、「幸せじゃないほうが普通なんだ」と思い込んで、幸せじゃないように振る舞うようになる人がいます。

自分が楽しそうにしていたら、周りの人に水を差されて、「私が楽しそうにしていたらダメなんだ」と、喜びを表現することを遠慮するようになる人もいます。

こんなふうに、知らず知らず自分に合わない概念を選択している人が、たくさんいるのです。

他にも、仕事は大変なのが当たり前とか、お金は苦労して稼ぐものとか、結婚は我慢の連続など、たしかにそういう面があったり、そういう人もいるかもしれませんが、全員に当てはまっているわけではありませんよね。

仕事が楽しくてしょうがない、お金は楽して入ってくる、結婚生活はとてもハッピー。そういう人たちも確実にいます。

だから、自分が楽しいと感じない概念は、楽しいと思える概念に切り替えていきましょう。

本来のあなたがいるべき場所は、「私、幸せなんです」って言っていたところのポジションです。

もともといた、あなたにふさわしい場所に戻りましょう。

★もっと簡単に幸せになっていい

人は、とらえ方、感じ方で、簡単に幸せになれるものなんです。

「簡単に幸せになっている私がおかしい」と思ってしまうと、何をするにしても苦

労しなくてはいけない気になって、本当に苦労してしまいます。

苦労することが幸せの条件ではありませんよね。

周りに遠慮して、「私なんて大したことないです」とか、「なかなかうまくいかないですよね〜」なんて合わせなくてもいいんです。

もっと簡単に楽しくなってもいいし、もっと簡単にうまくいってもいいのです。

「自分は幸せだ」と感じられる自分を、「申し訳ないな」と思って身を隠している人はたくさんいます。

ただし、そのまま身を隠していると、あなたと同じような人からも見つけてもらいにくくなってしまいます。

遠慮をやめて、もともとのあなたの個性が顔を出したとき、あなたと同じように「自分を信頼している人」たちが、あなたの周りに集まってくるんです。

Yuzuranai Chikara

あなたには好きな世界を構築する力がある

★その人の言葉にその人の世界観が宿る

人の言動を聞いていると、その人がどんな世界に住んでいるかが簡単にわかってしまいます。私たちは自分がもっている考え方を身の回りの世界に投影しますので、ポロッと出た言葉からもその人の世界観がわかるわけです。

たとえば、「お金がもったいないから節約しなくちゃ」と言う人は、「自分には十分なお金は回ってこないし、お金はいつも不足している」という世界にいます。

「女性ばかりの職場はめんどくさい」と言う人は、「女性が集まるとトラブルが起る」という世界にいます。

自由気ままでワガママな人にイライラする人は、「ワガママはよくないと自分に禁止しているけれど、本当はうらやましい」と思っている人です。

怒っている人が妙に気になる人は、怒りを抑えて隠している人です。

「子どもを預けるなんて、子どもがかわいそう」と非難する人は、自分が子どものころに傷ついた人です。

自分のことをかわいそうだと思い、その怒りを投影しているだけなんです。

そして、**自分が望んだことはきっと叶うだろうと思っている人は、自分の思考が現実になることを知っていて、「すべてはうまくいく」という世界に住んでいます。**

★エネルギーをどこに注ぐかは自分で決められる

人は、自分の発想にない世界はつくることができません。

すべては自分の考え方が出発点です。

これからどんな人といっしょにすごし、毎日何を感じて生きていくのかは、自分で選ぶことができます。

世の中には、優しくてよい人もいれば、横柄な人や、人を利用してくるずるい人もいて、私たちはあらゆるタイプの人と共存しています。

だからといって、全員と仲よくしなければいけないわけではありません。

仮に職場に嫌な上司や部下、同僚がいたとしても、その人たちにエネルギーを注がなければいいんです。

「私は思いやりのある人間関係を望んでいます」と素直に思い、そのような人間関係のある世界を選ぼうと意識しましょう。

嫌な人はいずれ異動になったり退職したりすることもありますし、自分の意識の向け方が変われば嫌な人がそれほど気にならなくなることもあります。

自分のエネルギーをどこに注ぐかで、自分の背景が変わりはじめるんです。

★人生の責任は、自分にしか負えない

人とぶつかって相手に嫌な思いをさせるくらいだったら、自分が我慢して人を優先してあげればいいと思う人は少なくありません。

ただ、「我慢しなさい」というのは、多くは親から教えられてきた価値観だと思いますが、**自分が我慢をしても良好な人間関係にはならない**ことは、ここまで本書で述べた通りです。

人にはいろいろな思惑があって、それをどうにかすることはできません。

誰かに要求されたり、誰かに比べられたりして、しんどくなっても、まず自分はどう思うのか、どうしたいのかを明確にしていきましょう。

それは、自分を優先して自分を中心に据えるということです。

そして他の人にも、「ご自由にどうぞ」と言ってあげるのです。

誰の幸せを優先するべきかには順番があります。

いちばん大事なのは自分です。

まずは、自分をしっかり満たしていくことです。


だから、自分を大切にしてやりたいことをやりましょう。

自分が満たされれば、結果的に人間関係もよくなり、仕事もめぐり、最後にお金もめぐってきます。

結果的に周りの人たちも幸せになります。

あなたの幸せと周りの人の幸せは対立するものではなく、共存するものです。

私たちは自分の人生の責任しか負うことができません。

他人の人生は、家族であってもその人のものです。

自分の人生の責任を果たし楽しく幸せに生きていくことが、あなたができる唯一のことなのです。

〈著者紹介〉

高見　綾（たかみ・あや）

カウンセリングサービス所属、心理カウンセラー。

電話・面談（名古屋）によるカウンセリング、及び心理学ワークショップの講師をしている。

大学卒業後、民間企業の経理・財務業務に従事するが、自身の悩みを解決するためにカウンセリング・心理学に関わるようになる。

自らが変化していった経験から「物の見方を変えればもっと楽しい人生が待っている」と考え、悩みを抱える多くの人の「気づき」をサポートしている。

自己改革及び恋愛・結婚を含む人間関係全般のカウンセリングを得意とする。

〈カウンセリングサービス〉 http://www.counselingservice.jp/
〈著者ブログ〉 http://blog.livedoor.jp/cs_aya_k/

ゆずらない力

2016年11月25日　第1刷発行

著　者――高見綾
発行者――徳留慶太郎
発行所――株式会社すばる舎
東京都豊島区東池袋3-9-7 東池袋織本ビル　〒170-0013
TEL　03-3981-8651（代表）　03-3981-0767（営業部）
振替　00140-7-116563
http://www.subarusya.jp/
印　刷――図書印刷株式会社

落丁・乱丁本はお取り替えいたします。

ISBN978-4-7991-0562-7